U0599812

谨以此书献给李公恕、胡佩兰夫妇

诞辰 100 周年

君子如兰，淡定从容，若兰生于深山，不为人知也傲然。

——南宋古曲《佩兰》

骆玉安　董彩红　张彦林　编著

胡佩兰 画传

郑州大学出版社

图书在版编目 (CIP) 数据

胡佩兰画传 / 骆玉安，董彩红，张彦林编著. — 郑州：郑州大学出版社，
2016.3
ISBN 978-7-5645-1500-3

Ⅰ . ①胡⋯ Ⅱ . ①骆⋯ ②董⋯ ③张⋯ Ⅲ . ①胡佩兰 - 传记 - 画册 Ⅳ .
① K826.2-64

中国版本图书馆 CIP 数据核字 (2016) 第 047041 号

Hu　Peilan　Huazhuan

郑州大学出版社出版发行

郑州市大学路 40 号　　　　邮政编码：450052

出版人：张功员　　　　　　发行部电话：0371-66966070

全国新华书店经销

郑州瑞光印务有限公司印制

开本：889mm × 1 194mm　1/32

印张：8.5

字数：198 千字

版次：2016 年 3 月第 1 版　　印次：2016 年 5 月第 2 次印刷

书号：ISBN 978-7-5645-1500-3　　定价：56.00 元

　　胡佩兰，河南省汝南县人，1916年生，主任医师，郑州大学第五附属医院原妇产科主任。1944年毕业于河南大学医学院，1986年退休。首届全国铁路系统劳动模范，享受省部级劳模津贴。退休后坚持在基层社区卫生服务中心坐诊28年，一生行医70年，2014年1月22日辞世，享年98岁。2013年感动中国十大人物。

胡佩蘭醫生

弘昆題

大医精诚　秋兰为佩

　　大医者何谓？一千多年前的唐代医药学家孙思邈给出了金标准："凡大医治病，必当安神定志，无欲无求，治病先发大慈恻隐之心，誓愿普救含灵之苦。"可见，所谓大医，不仅医术精湛，更须道德高尚。行大医者穷极医术，广行医德，以解决众生疾苦为大，以探究钻研医学领域的科学为要。只有"精"于高超的医术，"诚"于高尚的品德，精诚兼备，方可承大医之名。2013年度感动中国人物胡佩兰同志，就是这样一位当代的大医。

　　胡佩兰一生崇尚医者仁心的职业信条，行医70年，亲手接生超过6万名婴儿，89岁时还在为病人做手术，退休后坚持到基层社区卫生服务中心坐诊，98岁高龄时，依然坚持一周出诊6天，风雨无阻。她为患者着想，开的药以"有效、便宜"为原则，很少超过一百元，而且经常拿出微薄的收入给病人垫付医药费，广施善举，惠及百姓。

　　胡佩兰心中只有病人，唯独没有她自己。她最怕自己不能动，不能为病人服务了，辜负了病人的信任。她最开心的事是看着病人痛痛苦苦来，开开心心去……

　　胡佩兰是一位平凡而又伟大的医者，她用一生执着的奉献，生动地诠释了社会主义核心价值观的深刻内涵和医务工作者职业精神的本质要求，她是医疗卫生系统的优秀代表，是新时期医务工作者的楷模。

如今，"胡佩兰"已远远超出她名字本身的内涵和外延，代表了一种凝聚广大优秀医务工作者品质的"胡佩兰精神"，在医学界传承，发扬光大。为了更好地宣传胡佩兰同志的先进事迹，学习她的仁心大医精神，近两年，国家卫生计生委组织了胡佩兰先进事迹报告会，目前已经在河南省内的十几个省辖市和青海、四川、上海、辽宁、河北、广西、云南等省（区、市）巡回举办，听众达数万人，胡佩兰精神已远播四方。

郑州大学出版社出版的《胡佩兰画传》，用生动感人的文字、大量翔实的历史素材，从历史和当代的角度，为我们生动、真实地再现了胡佩兰光辉灿烂的一生，展示了两个世纪中国的时代背景，使我们更加深刻理解胡佩兰同志"博极医源，精勤不倦"的成长之路，更好地引领新时期医疗卫生行业的精神风尚。

今年，恰逢胡佩兰同志一百周岁的诞辰。本书的出版，不仅表达了对胡佩兰老人的怀念之情，同时也弘扬了社会主旋律，传播了正能量，对于激励广大医务工作者进一步提升"全心全意为人民服务"的宗旨意识，培育和践行社会主义核心价值观，深化精神文明建设，推进深化医药卫生体制改革不断向前发展等，都具有十分积极的意义。

是为序。

河南省卫生和计划生育委员会主任　李广胜

2016年3月22日

序 二

百岁仁医 德泽永存

2013年"感动中国"的胡佩兰离开我们已经两年了。但我依然记得"感动中国"组委会给她的颁奖辞："技不在高,而在德;术不在巧,而在仁。医者,看的是病,救的是心,开的是药,给的是情。扈江离与辟芷兮,纫秋兰以为佩。你是仁医,是济世良药。"

胡佩兰老妈妈和主持人白岩松轻松幽默而朴实的对话影像历历在目。

今年3月29日,是胡佩兰妈妈100周岁的诞辰日。

胡大一教授来电邀请我为本书写个序言。这个雅意对我来说实在太意外了。给这位百岁仁医的画传写序,应是名人大家所为,非我等无名晚辈能够胜任。但大一教授的真诚相邀和我对他的敬佩,使我难以启齿说"不"。

我和大一教授相识是在2014年8月9日,他作为胡佩兰先进事迹报告团的成员来辽宁沈阳做报告。当时,我作为省政府的副秘书长全程接待报告团。虽然我们相处不到一天半,却一见如故。因为早在20世纪90年代,大一教授就是享誉国内的心血管病专家。他所在的朝阳医院与我的寓所仅有一箭之遥,站在呼家楼向军南里

22层楼的窗前就可以俯瞰朝阳医院的大门。那时，虽然自己年富力强、心脏健康却依然熟知胡大一教授的鼎鼎大名。想不到20多年后，我见到了这位医德医术俱佳的专家，并且知道大一教授有一位98岁"感动中国"的老母亲——胡佩兰。

在这次报告会上，胡佩兰妈妈的事迹让我数次落泪。大一教授讲述的胡佩兰老妈妈的生活节俭的细节和母子情深、难舍离别的往事，特别是讲到他未能尽孝的遗憾更是触动了我心灵深处的伤感。报告会后，我和大一教授建立了通信联系，并且互赠书籍，让我有机会通过他的赠书更进一步了解了胡佩兰妈妈的一生，使我更加崇敬和怀念这位伟大的母亲和感动中国的仁医。

100岁，不是人的寿命极限。但是能够活到百岁（或者将近）的毕竟是极少数，因而百岁老人都被尊称为"寿星"。古人云"仁者寿"。凡是能够达到这个境界的寿星几乎都是与人为善，与世无争，从容淡定，清心寡欲的仁者。胡佩兰老妈妈活到98岁（按照东北的习俗可被视为百岁），无疑就是这样的仁者，更可敬的她是仁医。她留在人世间的最后一句话是"病人看完了，咱们回家吧"！

胡妈妈走了，走得如她所愿——宁静安详，没有拖累他人。但她却留下了感动中国的精神和不朽的人格风范。她让人们追思和怀念。

胡妈妈的百岁人生没有轰轰烈烈、经天纬地的辉煌业绩，但她平凡而不平庸。她是一位伟大的女性，一位慈爱的母亲，一位身怀仁术的良医。为这样一位百岁仁医书传，如同用CT机去做断层扫描一样，可以让人更加清晰地看清她人生历程的每个片段，更好地理解她何以心怀大爱、崇仁厚德、以治病救人为天职，为何在医德失范、医患关系紧张的世风下能够不开大药方，永拒红包；亦可从中窥见一位98岁的老妪高洁的灵魂，这是她拖着羸弱的躯体坚持每周六天出诊为病人治病的精神动力。

从这部传记中，我们可以读懂她对事业的执着和热爱，对患者的负责和诚意，对人民群众的感情和爱戴，对谋利的淡漠和不屑。

从这部传记中，我们可以探究到胡佩兰这位仁德大医诸多优秀品格的由来和形成的过程。从她的家境、出生、成长、经历、坎坷、精业、退休、坐诊直至成为感动中国的楷模。

胡佩兰成为感动中国的医生楷模，是中华传统医德滋养和熏陶的结果。

"不为良相，当为良医。"年轻时的胡佩兰就立志为贫困患者治病救人。70多年来，她坚守不渝。一生崇尚医者仁心的职业信条，把仁德大医作为自己的行医规范。

宋人林逋说："无恒德者，不可以作医。"

医德何也？

清人黄元吉在《医理发明》中指出："夫医者，大道也。冠诸百艺焉。上诊君相，下愈其民。登高堂入内室，非他术可比。业斯道者，既习其业，必先要正其心，端其品，怀其仁，无贪欲。"

清人叶天士也强调："良医处世，不矜名，不计利，此其立德也；挽回造化，立起沉疴，此其立功也；阐发蕴奥，聿著方书，此其立言也。一艺而三善咸备，医道之有关于世，岂不重且大耶？"

我们从古代先贤这些中华医德的阐述中可以印证胡佩兰妈妈

能够成为时代医生楷模的深刻内涵和大爱无疆、无私奉献的精神源头——中华医学的传统道德。

中华医学是中华文明的瑰宝。我们的先贤在从事医学的历程中逐步形成了一整套完备的医术、医风和医德。中华医德从萌生起，经过历代医家的言传身教和发扬光大，经久不衰，世代传承，成为推动中华医学发展的内生动力和从医的行为规范和职业操守。这些医德的要义有：

一是以人为本。尊重生命是中华医德的思想基础和最显著的人文特征。《黄帝内经》指出："天复地载，万物备悉，莫贵于人。"唐代孙思邈在《千金要方》中强调："人命至重，有贵于金。"如上所述，都强调了对人和生命的高度尊重。视人命关天、责任重大，不可等闲视之和草率从事。同时，中华医德要求从医者对所有人给予平等的关爱和尊重，如有疾厄来求者，不得问其贵贱贫富，老幼妍媸，怨亲善友，华夷愚智，普同一等，皆如至亲之想，这种一视同仁的理念体现了中华医德同仁博爱的人道主义。

二是仁善立业。我国古代的医学大家都把医学定位为仁术，赋予了中华医术以仁慈至善的精神内涵，强化了医生职业的神圣与高尚。这是中华医德的精髓所在。明代李时珍在《本草纲目·序》中说："夫医之为道，君子用之以卫生，而推之以济世，故称仁术。"孙思邈在《大医精诚》一书中对从医者要有仁心立术立业做了系统的阐述。他把医生的良好德行称之为仁心，鼓励和教导医者以仁爱之心尊重生命，善待患者，博爱群生。他把仁作为评判医生资格及道德操守的基本标准。医德好的医生被称为仁人。仁心、仁术、仁人是中华传统医德仁学内涵的三大要素，只有心存仁义之心的仁爱之人才能将医疗真正变成济世救人的仁术。

三是贵义贱利。贵义贱利是儒家的经典思想之一，是孟子性善论所倡导的一种价值观。它对中华医德的形成和完善产生了深刻的影响。孙思邈曾强调："医人不得恃己所长，专心经略财物，不得以彼富贵，处以珍贵之药，令彼难求，自炫功能。"清代名医费伯雄指出："为救人而学医则可，为谋利而学医则不可。"这些思想都要求良医要有重义贱利、一心治病救人的高尚品格。

四是精术显德。医疗的根本目的是治病救人。良好的医德要以精湛的医术为载体。中华医学的历代大家都非常重视把精术作为医德的根本和基础。孙思邈在《大医精诚》中首次强调医学乃至精至微之事，故学者必须博极医源，精勤不倦。这就要求从医者必须从至精至微处深刻认识从医者的关天重任，从而刻苦钻研，不断提高医术。清人王世雄在《回春录序》中也曾说过："医者，生人之术也。医而无术，则不足生人。"这就是说，一个医生如无精良医术，即使仁心厚重，也无济于事，不能救人于病危之中。

中华医德的这些思想是中华医学道德的精髓，是中华文明的重要组成部分。

胡佩兰是中华传统医德的传承者和践行者，她用自己的百年人生诠释了何为真正的医者：技不在高，而在德；术不在巧，而在仁。医者，看的是病，救的是心，开的是药，给的是情。

我们多么期待这个时代的所有从医者都能恪守这样的职业信条和操守！

　　胡妈妈："扈江离与辟芷兮，纫秋兰以为佩。你是仁医，是济世良药。"

　　我们永远怀念您！

何庆良

2016 年 3 月 5 日于沈阳

（作者为辽宁省政协副主席，曾出版《孝心不能等待》等书）

目 录

引 子

中央电视台2013年感动中国十大人物有一份颁奖辞这样说道：

技不在高，而在德；术不在巧，而在仁。医者，看的是病，救的是心，开的是药，给的是情。扈江离与辟芷兮，纫秋兰以为佩。你是仁医，是济世良药。

这份颁奖辞是送给"百岁仁医"、河南省郑州市建中街社区卫生服务中心坐诊医生胡佩兰的。胡佩兰1916年出生于河南省汝南县的官宦家庭，她怀着"不为良相，便为良医"的理想，于1937年考入河南大学医学院，成为汝南县第一位女大学生。毕业后，她悬壶济世，终成仁医。1949年，她与丈夫李公恕创办武昌铁路医院。1951年，她被评为全国铁路系统劳动模范，在北京天安门参加国庆观礼，并受到周恩来、朱德、邓颖超、康克清等国家领导人接见。她几十年如一日，深入基层、扎根基层、服务基层，巡诊在千里铁路线上。退休之后28年，她风雨无阻，一直坚持每周6天坐诊，直至去世前一天。

胡佩兰看了一辈子病，诊费坚持只收两元，她开药以"有效、便宜"为原则，不开疗效不确切的药，从不过度用药和治疗。她常说医生如果为了经济利益开贵药，那就对不住患者，也对不起医生自己的良心。她生活节俭、"抠门儿"，退休后每天只吃两顿饭。

她是"老派守旧"的。她固执地守着一些"老旧的东西"，爱用黄色封皮的老式病历本；她的办公桌掉了一大块漆，椅子也是斑迹驳驳，但几次换诊室，她都不舍得扔；还有一把用了20多年的老手电筒和一件穿了10多年的红棉袄。

同时，她又是"与时俱进"、时尚新潮的。她读书看报，每天看《新闻联播》和《焦点访谈》。她从不放弃任何一个医学上的最新知识，不放过社会上任何一个热点，"光盘行动""OUT"……许多新名词她比年轻人知道得还多。她爱美，90多岁还要烫着美美的头发。在她身上，一直闪烁着"新旧碰撞"的绚丽火花。

如果用优秀的价值取向去度量，她又恰恰代表了这个社会最先进、最核心、最需要的一种价值观。她扶贫济弱，广施善举。为了贫困地区的孩子们，她拿出微薄的收入和退休金，从2005年起，每年捐款一万元，建起了50个"希望书屋"。她几十年如一日，视病人如亲人，坚持付出，不断努力，成为无数病人真正的"福星"。她践行的一切，都是当下还尚显欠缺，却又特别需要的人生态度与价值取向。

她就是2013年度感动中国人物——当代最优秀的医生胡佩兰。

她到底有着什么样的人生经历？是什么样的社会背景铸就了她的价值观？她一直坚持与坚守着什么？以她为主角的特殊家庭又演绎着何等温暖的剧情？我们或许可以从她平凡又传奇的一生，去寻找答案。

她还是郑州市乃至全国最年长的"青年"志愿者，她说："做好事不是年轻人的专利。"她是经验丰富的教授级妇产科专家，一生接生过6万多名孩子，经她诊治好的妇科病人不计其数。她留给世人的最后一句话是："病人看完了，咱们回家吧。"

"君子如兰，淡定从容，若兰生于深山，不为人知也傲然。"

胡佩兰用平凡的事迹，淡定的操守，诠释着大爱仁医的内涵。

纫秋兰以为佩
扈江离与辟芷兮

胡佩兰素描

第一章

出身名门逢乱世

人文荟萃育幽兰

秀美古城　人文荟萃

汝南，古属豫州。豫州为九州之中，汝南又居豫州之中，故有"天中"之称。自春秋战国时代汝南即有建制，距今已有2700多年的历史。上自秦汉，下至明清，汝南一直是郡、州、军、府治所，为八方辐辏之地。

民国时期，汝南县城一度繁荣。现年80岁，生于汝南、对汝南历史颇有研究的王又石老人就曾生动回忆过民国时期繁盛的汝南县城。

旧时的汝南古城南北坐落着雄伟的城门，北关建有大桥，城外有著名的小南海寺，端庄秀丽，繁华异常。县城东西长，南北短。从东关到西关可达10里以上。南北两座城门相对应，一条主大街贯穿东西。街道两旁辟有专门的人行道，平坦修长，规整气派。北门和南门并不对称，而且方位相错较远，主要是地理环境所致。"后龙亭"的大广场位于汝河的一个天然拐弯处，形成一个开阔的半圆形空地，据传正好被三国时期的刘备看中，曾用来做了练兵场。

民国时期的汝南城布局合理，城中连同主大街有四条街道穿城而过。最北端的叫"上街"，由北向南依次为"大街""淮府街""灌沿街"。上街挨着后龙亭，是行政机关的集中地，专署、县政府和教育局等机关都在这条街上。此外，这里还汇聚着好几所学校："百泉师范""女中""联高""联师""省中"等。由女中大门向南，有一条"云路街"，那是警察局的所在地。

王又石老人介绍，由"省中"向东是最为繁华的"估衣街"。街道两边全是商业店铺，多为绸缎庄、布店、鞋店、皮货行、成衣铺等，生活用品应有尽有。

紧挨"估衣街"的是"二龙里街"。街上分布着金店、银楼、钱庄和各种大小百货店。大的如"老凤祥金店""老天宝银楼"等，都是上百年的老字号了。这里还有一家糖果店叫"天兴斋"，做的糕点、匣果和南糖都很出名，也是百年老字号。

这两条街上门面齐整，街道的地面是青石板铺就，便于过车辆马匹；两边的人行道则为青砖铺地。每家店铺的房屋都高深整齐，并建有气势恢宏的厦（廊）檐，以方便行人顾客躲雨避风。为招徕

汝南古城（书中图片除署名外，均为胡佩兰家属提供）

汝南南海禅寺

顾客，各家铺面门口还摆放有方便顾客歇脚的长凳。想当年，这里每天都是人头攒动，宾客盈门，热闹非凡。

小南海寺位于汝南城外东南隅，相传该寺明代即开始建造，历经600余年，由于历代筑堤取土，形成洼地，积水成湖。中原人没见过大海，只熟识门前坑塘，就将这处人与自然相融的奇景——人工湖称作"小南海"。因这处人工湖地处汝南城南门外，人们也就依地取名"南湖"。经明清近600年的营建修筑，如今已形成了东依汝河，南临大堤，西止悟颖塔，北至城壕，总面积千余亩的风景区。景区内大小湖泊多处，小河贯穿其间，沿途建有佛寺楼阁。假山竹林，小桥流水，曲径荷塘，成为古代汝宁府第一景观。旧日的小南海碧波荡漾，鸟语花香，塔楼相望，诵经之声绕梁，香客游人如织。南海风光不仅为汝南增光添辉，也吸引了不少文人墨客到此游玩吟对。

汝南底蕴深厚，书香浓郁。在这个古典而又浪漫的地方，古代李白、颜真卿、韩愈、柳宗元、李商隐、秦观、苏轼、欧阳修、何景明等文坛巨匠，都为汝南的小南海风景留下了脍炙人口的文赋、诗词和书画墨宝。如今，人们漫步这里，依然能欣赏到古城的风姿和韵味，既可看到颜真卿遒劲有力的"天中山"的碑文，又可与朋友把酒言欢，意会李白依依不舍的情怀："君看昔日汝南市，白头仙人隐玉壶。君家有酒我何愁，客多乐酣秉烛游。"你还可以感受刘长卿品出的那份"向别伊水难，行看楚云隔"的雅致……

在汝南这片古老的土地上，还孕育出了大量脍炙人口的传奇故事。梁祝化蝶、董永遇仙、王祥卧冰、重阳登高等优美的传说与掌故都发源于此。就连南海颇负盛名的庙会，也有一个精彩的传说。

明朝嘉靖二十四年(1545年)，汝南大旱，当时在汝南居住的崇庄王，看到汝河断流，大地干裂，庄稼枯死，百姓流离失所，就在小南海设坛求雨。百姓闻讯从四面八方来到小南海加入求雨的行列。突然，大慈大悲的观世音菩萨显像在崇庄王面前，崇庄王忙俯身下拜，祈求观音慈悲。这时，天空乌云密布，一阵风起之后，果然下起倾盆大雨。崇庄王立即拿出数十万银两，命手下的官员李铭、李宝等在小南海营建观音阁。以后，人们逢事常有求于观音，每次总有灵验。一传十，十传百，十里八乡的百姓、乡绅、地方官员都来进香朝拜，香火逐渐旺盛。特别是到农历二月十九日观音菩萨生日这天，各地香客一起聚集到小南海朝拜。同时也引来了众多的商贩、戏班、杂耍等，热闹非凡。此俗从明嘉靖年间沿袭至今，经久不衰，已成为全国较为著名的古庙会之一。

这样一个既有厚重历史文化，又有诗情画意神韵的古城，正是吸引胡佩兰曾祖父胡篆楼定居和外祖父一家远从浙江绍兴举家迁徙来到汝南的重要原因之一。

汝南县城　胡家大户

胡佩兰的曾祖父胡篆楼自幼聪明好学，年纪轻轻就通过科举考试进入河南汝宁府（现汝南县）为官。

胡篆楼是绍兴人。历史上，江南水乡绍兴一直是中国的富庶之地，但由于地少人稠，从明代开始，已经出现人地紧张的状况。史料记载，至清嘉庆二十五年（1820年），绍兴府人口密度达每平方公里579.55人，高居全国第三位，仅次于江苏的苏州府和松江府。

受绍兴土地资源的局限，为求得更好的生存发展空间，人们纷纷远离故土，去实现更加有意义的人生价值。

上天是公平的，给你关了一扇门，必定会给你再开一扇明亮之窗。明清时期的绍兴，迎来了历史上一段鼎盛时期。

当时，绍兴文化教育事业呈现一片繁荣昌盛的景象。一时间，府学、县学、书院遍布各地，甚至各个偏僻的小村庄都设有相当规模的私塾。

鲁迅《从百草园到三味书屋》中描写的乡村私塾给我们勾勒了一幅民国时期乡村私塾富于童趣的美丽画卷，曾吸引无数人对近代中国基础教育的遐思。

很多人不禁感叹，鲁迅的童年太幸福了，百草园里碧绿的菜畦，光滑的石井栏，高大的皂荚树，紫红的桑椹；鲁迅与小伙伴们捉蟋蟀，玩斑蝥，挖何首乌，摘木莲藤果，听蝉鸣唱，捉鸟雀……这些旧时中国农村的固有元素，构成妙趣横生、令人神往的乡愁美景。

想必，童年时代的胡篴楼也一定有自己的"百草园"与"三味书屋"。

无论当时的小伙伴对私塾有着怎样的感情，但私塾都无一例外地给他们提供了受教育的幽雅环境，正是这种特有的文化环境，使得绍兴的科举业一直名列浙江地区的前茅。

史料记载，明清时期，绍兴府（不含余姚、萧山）共出状元10人，榜眼5人，探花5人，会元4人，进士744人，举人2755人，尤其以山阴、会稽两县为多。

胡篴楼正是在这样的环境中，刻苦读书，通过科举考试来到了汝宁府（现河南境内汝南）。

自明代以来，绍兴人就有做吏的历史传统，即"绍兴师爷"。他们多在朝廷六部及地方衙门做吏，再加上绍兴是江浙一带科举业的发达地区，进士、举人数量众多，当时绍兴籍官员在全国各地随处可见。

胡篴楼来到汝宁府也颇费了一番心思。汝南史料显示，汝南地处淮北平原，近两千年间，一直是豫南一带政治、经济和文化中心，其称谓随着朝代的更迭屡有变化。汉高祖刘邦置汝南郡，当时这里已是贯通中原地区南北的水陆码头。

公元317年，上蔡县治所迁于此地，称"悬瓠城"。《水经注》记载：河自东西下，屈曲而流，抱城三面。形若垂瓠，故称悬瓠城。

东晋义熙十四年（公元 418 年）汝南郡治迁至于此。南北朝时，刘宋侨立司州，后周置总管府，隋仍为汝南郡治，另置汝阳县于郡城，改悬瓠城为溱州。唐"初置予州，宝应初以避讳改为蔡州"。宋置"淮康军"，金设"镇南军"，曾建行宫。元至元三十年（1293 年）因断汝河上源之水经郾城入颍河，汝南水患大减，人民稍得安宁，改蔡州为汝宁府，是河南行省八府之一。明英宗朱棣分封四子于汝宁府，称崇庄王，传十一世。清沿明制，民国二年（1913 年）废府，改为汝南县。民国十三年（1924 年），另置河南省第八行政督导专员公署于此。新中国成立初期，汝南曾设为行政专署。

胡簋楼能够顺利来到汝宁府为官，除了在科举考试中脱颖而出，与绍兴当地的同业关系与相互扶持不无关联。

来自师爷之乡的绍兴人不仅擅长利用乡缘、同业关系寻求事业发展的捷径，更会相互扶持，共同经营和打理人生园地，拓宽事业发展空间。

绍兴籍官吏崇尚清廉自律、用财节俭，并且在家中形成规矩，力戒家人有居官之乐；以民为本，爱民亲民。要求官员既然称作"父母官"，对事关百姓的事务，必须像父母一样为儿女打算，曲折周到，否则就会变成贪官、就容易生出贪心；要求"君子之事上也，必忠以敬，其接下也，必谦以和"。在处理复杂的官场人际关系方面，诚信是总的原则；要求官员谨身勤政。中国古代的官箴书，以儒家学说为要旨，强调"修身，齐家，治国，平天下"，认为道德情操的修养是从政的基础。为官者只有严于自律，才能克服各种诱惑，始终保持公正廉洁。汪辉祖提出，为官志趣宜正，"官之得民，要在清、勤、慈、惠"，四者之中，以勤为本。在强调诚信、清廉的同时，特别推崇"称职在勤"。

正是有了这些谨言勤政、悉心为民的思想，胡篆楼在汝宁府一直官居要职，并且还是绍兴同乡会要员。自律、节俭、恤民这些处世原则，也成为胡篆楼理家和教育子女的家训，这些文化思想不断传承创新，成为胡氏家族的优秀家风。

胡佩兰的外祖父王某祖籍也是浙江绍兴人，并且是举人出身，曾获内阁中书衔（清代官名，掌撰拟、记载、翻译、缮写。或由举人考授，或由特赐），在京城做官，负责洋务外交工作。王氏虽在清政府做官，但痛恨清政府的腐朽无能，曾立志要如孙中山、黄兴等热血人士一样，为中华民族的崛起献出一份热血。1904 年 9 月初，黄兴所在的华兴会起义计划不慎泄露，清政府开始四处清剿"乱党"。黄兴等人逃离期间，胡佩兰外祖父曾为其提供躲避、出逃便利。最终，许多华兴会成员纷纷外逃，其中，黄兴化装逃离长沙，抵上海，旋赴日本。宋教仁、陈天华、刘揆一等也相继东渡。王某也被迫弃官远离京城，跑到汝宁府，寻求在这里为官的同乡胡篆楼避难。

胡篆楼起用了满腹经纶的王某充当幕友，其一家老小也随即来到汝宁府安家，两家的世交关系加固。那时，王氏将正值妙龄的小女王成修许与胡篆楼的四孙儿胡志经，世交变姻亲。

胡志经与王成修成亲后，生育了两个女儿，老大胡淑兰，老二即是胡佩兰。

秀美幽深的山谷，一株碧绿娇美的香兰慢慢张开了她美丽的眼睛，用纯净清澈的目光打量着这个即将遭逢巨变的世界。

闺中幽兰　却逐新声

　　1917年3月14日，胡佩兰出生在汝南县城一个殷实家庭。

　　关于胡佩兰的出生时间，其实还有一段佳话。公开报道的资料显示，胡佩兰的出生时间是1916年3月29日。原来，当年胡佩兰随丈夫从武汉迁来郑州，户籍民警在办理户口迁移手续时将其出生时间抄错。90岁那年，胡佩兰曾让儿子胡心一专门查了自己的生日。那时，胡心一根据母亲提供的农历生日，1917年的农历二月二十一日，对应为公元1917年的3月14日。胡心一还能忆起当年大嫂为母亲做祝寿盘子，专门写有"3月14日"的字。丈夫去世时，胡佩兰曾催促孩子们树碑，念及夫妻二人一生恩爱、感情笃深，感慨道："同年同月同日生，怪好，将错就错吧！"所以，就有了两人1916年3月29日同年同月同日生的佳话。

　　如果是在普通的家庭，看到又生了一个女儿，或许会有些不开心。毕竟，在民国初期，重男轻女的传统思想还很严重，没有男丁的家庭更有"不孝有三、无后为大"的压力。延续家族香火在人们传统观念里尤为重要。而儒雅的父亲胡志经思想很开明，对女儿有着不一般的喜爱。

　　胡志经熟读诗书，诗人屈原《离骚》中有一句"纫秋兰以为佩"。又有古曲《佩兰》曰："君子如兰，淡定从容，若兰生深山，不为人知也傲然"之美好含义。于是，他便延续大女儿"淑兰"的名字风格，给二女儿起了一个美好的名字——"佩兰"。

　　在胡佩兰的记忆里，父亲不恋官场，自己在家乡开办私塾教书。

他整日翻阅古书，背诵四书五经，与孩子们相伴。年幼的胡佩兰深受父亲胡志经潜移默化的影响，从小崇尚科学文化知识。

天有不测风云。就在胡佩兰十多岁时，父亲不幸因病去世。突如其来的变故，使这个大家族犹如天塌地陷一般，胡家也因此而逐渐败落。要强的母亲王成修独自一人挑起家里担子，与两个女儿相依为命。母亲的坚强感染着年幼的胡佩兰，加上特殊的家庭环境，早早地造就了她刚毅果敢、自强自立的性格特点。

王成修

20 世纪 30 年代的中国，正值军阀混战，要强的胡佩兰曾经女扮男装，多少次与死神擦肩而过，在刀光剑影中转移家产。与李公恕结婚后，全家南迁时，也是胡佩兰主导张罗，带着全家老小和大车小车的行李，从汝南运到武汉。

童年时期的胡佩兰

胡佩兰的姐姐胡淑兰长她 8 岁，也是汝南有名的才女。胡淑兰恰如其名字一样，贤淑、淡雅。胡淑兰的丈夫韩亮是汝南的大才子，曾任民国时期的河南省政府办公厅主任。按照母亲王成修的原意，她更愿意将性格要强的胡佩兰留在身边，帮助自己处理家务，维持家业。但胡佩兰受姐姐的影响，不愿在家做传统家庭妇女，坚持要到新式学堂学习新知识，立志不仅仅做形式上（不裹脚）的新时代女性，更要从思想上成长为新时代的新青年。

新青年到底是什么样，当时的胡佩兰并不十分清楚，还有许多平时不明白的事理，她还需要在学习中寻找这些答案。作为新青年，应该如何与封建思想彻底决裂，冲破黑暗，奔向光明？胡佩兰决定从新式学堂教育开始启蒙。

庆幸的是，胡佩兰接受新式教育的时侯，正是中华民国高级将领、西北军首领冯玉祥在河南主政时期。从某种意义上来讲，正是有了冯玉祥，河南的教育事业才有了转折式改变，也成了胡佩兰接受现代教育环境、成长为新青年的肇始。

冯玉祥是一位普及文化教育的大力提倡者和支持者，因为他出身于下层社会，深感少小失学的痛苦，为使他人免遭此苦，特别是如他一样的有志青年免遭这种痛苦，所以，在他的戎马生涯中，每到一处驻防地，"对其教育视同性命，而提倡振兴之心，唯恐不及，盖数十年如一日也"。

冯玉祥曾于1922年5月到10月出任河南督军，后又于1927年6月至1929年5月开始了第二次主政河南。冯玉祥两次主政期间，大力兴办各类学校，并提出"实行义务教育，以开智识"，力倡人人有接受教育、读书识字的机会。

1927年7月，冯玉祥责令"内而省会，外而各县，所有各机关设平民学校"，学生入校学习一律免收学费，仅收书籍、作业本

青年胡佩兰

姐妹（左为姐姐胡淑兰，时有孕，右为胡佩兰）

费；学校教员则以职员担任，以《六百字课》为课本，授以公共卫生及普通常识。

1928 年夏，仅开封一城，就有平民学校 80 余所，学生近万人。冯玉祥的新式教育理念，使河南的教育得到了前所未有的普及。

暨南大学学者康运东著文道："一定程度上，冯玉祥完成了辛亥革命后在河南乃至中央的主政者想完成未完成的任务，他所施行的各种举措和社会控制手段，相当有力有效，在打击封建势力、引入现代意识，乃至河南的近代化进程上做出了贡献。"

胡佩兰正是在这个时期，进入汝南一所新式学堂里，学习新知识，开始了她追求新知识、新生活的新文化生涯。

对于民国时期的新式学堂教育，胡佩兰曾在晚年接受媒体采访时回忆说，民国时候的学生与现在学生所学的内容不尽相同。但在智育方面，今天与昨天相去不远，所学不过数理化与国学，相差较大的是德育。

胡佩兰回忆，当时学习内容分为学业与操行两大块，学业就是读书、写字、作文、地理、历史、珠算等，与现在学生所学文化课很类似；而操行就是德育教育，很细致地分为忠孝、仁爱、信义、和平、礼节、服从、勤俭、整洁、助人、有恒等 10 个方面；当时的考试成绩也分为学业成绩与德育两项。

由于自小受到曾是私塾先生的父亲的悉心教诲，耳濡目染，胡佩兰已具备了一定的文化知识，并且积累了知礼、有恒等传统德育常识，小学仅读了两年，便以优异的学业成绩考入开封女子中学。自此，胡佩兰开启了真正的求学之路。

第二章

追求进步学史良

佩兰折桂获第一

开封女中　沐浴德泽

1922年（民国十一年），国民政府教育部公布"新学制系统"《壬戌学制》后，中学实行"三三制"，分初、高中两级，各为三年。同时废止大学预科，并在大学制度方面进行了一系列的改革。例如，大学教育实施选科制，大学校合并单科大学，提高了师范教育标准等。

"新学制系统"虽然规定中学男女兼收，但河南省立中学仍为男女分校，县立、私立中学也以男女分班为原则。

胡佩兰的初中及高中时光都是在开封女子中学度过的。

在中国近代史的发展历程中，女子教育曾作为"救亡图存"与"妇女解放"的突破口存在过，创办女校也被赞誉为开启妇女智力的主要途径。

1931年，15岁的胡佩兰离开汝南，北上开封，进入河南省立开封女子中学，正式翻开了她成为"新青年"的崭新一页。古城汝南县那个熟悉的大宅院，那里的花木房舍，曾为大家闺秀的美好生活，故乡所有的一切，自此与她几乎再无瓜葛。

河南省立开封女子中学创办于1921年，早先附设于河南第一女子中学内，为公费班。1924年，该校独立更名，设校于东棚板街，校长是朱紫桂。1933年，学校改名为河南省立开封女子中学，增设了高中班。

河南省立开封女子中学不仅倡导反帝反封建精神与争取妇女解放的民主进步思想，还以"尊重、忠诚、信实、互助、友爱、谦恭、快乐、节俭、勇敢、清洁"十大信条规范学生，统一校服，校风朴实严谨。

青年时代的胡佩兰

开封女子中学有着优良的革命传统。1931 年，学校创建自治会；1936 年，学校成立中国共青团开封女中支部，同时成立中华民族解放先锋队；1937 年建立中共开封女中支部。女中的学子有着鲜明时代特点和成长标识，当时女中的校歌、早操歌就是很好的例子。

开封女子中学校歌是由当时的国文老师殷馥亭作词，音乐老师赵子佩（后到河南大学任教，著名音乐教育家、钢琴家）作曲，词曲慷慨高亢，激励着学生们积极进取。开封女中的校歌是：

　　自由平等，为我力争。

　　日新又新，古圣盘铭。

　　毁桎梏，破樊笼，现代新女性。

　　斩荆棘，披草莱，责任莫于今。

　　目的真善美，群策群力行。

　　精神智仁勇，自治共峥嵘。

女中的早操歌也令人振奋，其歌词是：

　　曙色朦胧，金鸡报晓似警钟，精神抖擞来到操场中。

开封女中同学（前排左4胡佩兰　左5魏俊明）

开封女中学生（右1为胡佩兰）

不避艰险哪怕雨和风，身似铁，气如虹，前途事业真无穷。

前进，前进，莫从容！努力，努力，莫做社会的废人！

开封女子中学的教材也有着一定的思想进步特色并深烙时代印记。校史记载，李大钊、鲁迅、何香凝、丁玲等人的文章，都曾出现在女中课堂上。当时学校已开始学习英文，还开设了德文班与英文班，学生可以根据兴趣爱好和自己的需要自由选择。

开封女子中学办学风气正，学风优良。学校延揽一批名师，注重学生全面发展，培养了一大批优秀学生；学校追求爱国民主进步，引导不少学生走上了革命道路，从而成为未来新中国建设的中坚力量。

进入这样的学校，对于胡佩兰来说是她人生的第一次飞跃。她后来曾回忆，当时的英文和国文是重点课，每周六节课。英文主要讲《模范英文读本》，加选《天方夜谭》《泰西五十轶事》等。学生们课外时间多用于朗读英文。

胡佩兰在回忆中学时光时说，在引导学生课外学习上，女中老师还根据学生的成绩和爱好，为学生介绍进步书刊，引导学生开展读书活动，英文老师还介绍一些英文短文、小说和世界名著供学生阅读。在政治理论读物方面，老师们给学生推荐的有倍倍尔（德国和国际工人运动活动家，德国社会民主党领袖和创始人之一）的《妇女与社会主义》、列宁的《国家与革命》、艾思奇（马克思主义哲学家，中国共产党党员）的《大众哲学》等。在文学方面，鲁迅的《呐喊》《彷徨》等都在其中。

除此之外，思想先进的老师还偷偷借来《新青年》，学生从中汲取了新思想。胡佩兰与同学一起，从这些书籍杂志中汲取营养，懂得了国家与民族的危亡，光明与正义的斗争，在成为"新青年"的道路上更加进步。

除了文化知识，胡佩兰在中学受到的教育，更多是从思想、行为细节上来严格规范自己，练就了她日后勤奋严谨、乐于奉献的品格。

胡佩兰就读期间是全住宿搭伙，学校管理规范，门禁森严。即使家在开封的学生，也只允许周六回家住宿一次；回家后必须填写详细具体的到家时间，并由家长盖上手章，回校后交回训育处，下次回家再领取。学生入校后，无论春夏秋冬，校内校外，一律穿校服，夏季统一为白上衣、黑裙子，冬季为一身蓝制服。另外，学校教导处的老师也很少，只有两三位，分别是训育主任、教导员、文书等，其余多是教授知识的老师。

为了使学生得到锻炼，学校里流行"学生自治会"，除了在课堂学习外，其余一切活动都是通过学生自治会来进行。其中包括学术股、生活股、文娱股、体育股、纠察股等。例如，纠察股的职责是每年由大家讨论制定若干条公约，包括不要随地扔垃圾，上课要静心听讲，要爱护公共财物，熄灯后不要讲话及做其他事情，等等。如有学生违犯公约，纠察员将其记录到本子上，每周全校公布一次，作为期末操行评定标准之一，记入通知书。当时，爱学习的胡佩兰更愿意参加的是学术股，主要负责讲演会、学术报告会、讨论会、时事报告会及学习方面的比赛。

当时开封还有句谚语"剪发头，洋学堂，开封女中连北仓"，说的就是如胡佩兰一样在新学堂里学习的新青年。学生时代的胡佩兰与同学们，也一直是"剪发头"，她们唱着"毁桎梏，破樊笼，现代新女性。斩荆棘，披草莱，责任莫于今"的歌曲，接受着新思潮的熏陶。

爱国运动　声援北平

怀揣成才报国的梦想，胡佩兰与同学们在学校如海绵一样汲取文化知识。同时，由于不断接触新的教育观念，她们在知识的海洋不断追求科学和新知，视野更加开阔。作为新

开封女中读书时和同学在一起（右为胡佩兰）

时代青年，她们关心国家的前途与命运，渴求祖国尽快走向自强之路。

1933年长城抗战、《塘沽协定》签订之后，华北五省（河北、山西、察哈尔、绥远、山东）成为日本侵略的下一个目标。1935年9月下旬，日本公开鼓吹"华北自治"，提出了从政治、经济到军事全面实现"华北自治"要求，策划制造了"华北事变"。

"华北事变"暴露了日本帝国主义步步进逼的侵略野心，偌大的华北已经"安放不下一张平静的书桌了"，中日民族矛盾开始成为主要矛盾。亲日派在日本"亲善"政策的诱骗下，秉承"忍辱求全"的外交策略，断送的却是中国越来越多的领土主权，所有这些

也导致了中国救亡运动的空前高涨。

在国家和民族濒临灭亡的危急关头，富有爱国传统的北平青年学生冲破国民党的白色恐怖，1935年12月9日和16日两次举行示威游行，反对"华北自治"，反对成立冀察政务委员会，要求停止内战、一致抗日。"一二·九"运动唤醒了全国人民，抗日救亡浪潮奔腾向前，席卷全国。

在开封，支援"一二·九"运动的呼声也非常高。胡佩兰与同学们热血沸腾，积极地走进游行、支援爱国运动的队伍。

现年96岁，郑州大学第一附属医院教授、我国眼内异物研究的奠基人张效房是胡佩兰在河南大学医学院下一届的校友。1935年，张效房也在开封读中学，不同的是，他就读于开封高中。对于他们共同亲历的"一二·九"运动，张效房记忆犹新。

张效房回忆说："当时，开封领导学生爱国运动的学校是开封高中，它是开封学生运动的领袖。"

12月21日上午，开封高中的学生情绪特别高涨，同学们游行到省政府门前静坐，要求省主席出面会见学生并回答学生的问话，呼吁当局组织力量抵抗日本的侵略行径。但是，政府根本没有理睬请愿的学生。

在学生们的强烈要求下，最后才有一个秘书模样的人出来向同学们讲了一些空洞的大道理，并没有给学生们任何答复。学生们非常不满，决定走出河南，到南京去请愿，坚决要求政府一致对外，团结中华民族各方力量一致抗日。

第二天早上，女子中学的学生也积极声援开封高中学生的壮举。胡佩兰与同学们带着行李，早早在操场集合，准备赶到开封南关火车站，与其他学校的学生一同坐车赶往南京。可是，早有大批军警端着上了刺刀的步枪，在学校外边把守，禁止学生出校。

当时，开封高中是男生学校，女子学校除了开封女子中学，还有省立女子师范学校、北仓女中和教会举办的静宜女中等。

青年胡佩兰（左）

得知女子中学的学生被封闭在校内的消息后，开封高中的男生们带头冲上去，迎着军警闪光的刺刀，一步步走向前。面对学生们的大义凛然，军警也只好一步步后退。在双方僵持过程中，有两名男同学被刺伤，虽然

青年胡佩兰（左）

没有生命危险，但这更激怒了游行的同学们。他们更加愤怒，也更加勇敢和无畏，迎着刺刀冲上去。最后，事件以军警的妥协而结束。

开封高中的同学将女子中学的同学接应出来后，走上街头，大家手挽手，高呼爱国抗日的口号，甚至冲向铁路，以卧轨的方式拦截列车，直至赶往南京请愿、抗议。

无能的国民党当局气急败坏，他们不允许陇海线上的火车驶进开封，企图阻挠学生们赶往南京。

当时正值冬季，天空还飘着雪花，气温低至零下一二十摄氏度。尤其到了夜晚，同学们身上的棉衣已难以抵御严寒，冷风飕飕地刮着，寒冷的的空气几乎穿透人们的骨头，大家的手脚已经冻得由生

学生时代的胡佩兰

胡佩兰在学习

疼至麻木。但是，爱国的热血在每一个人的心中沸腾，同学们没有一人退缩。他们一起挥舞手臂，高声喊着"一致对外，收复东北，誓死抗日"的口号，相互簇拥而坐，大家只有一个信念：一定要用自己满腔热血激励民族的激情，决不让国家蒙受耻辱！

晚上，有学生家长担心孩子们身体受不了，纷纷喊他们回家。但学生们没有一个人离开。一名女生家长拗不过孩子，只好从家里拿来两床褥子，让学生们御寒。

同学们用惊人的毅力坚持着，直到天亮。第二天，许多市民自发来到火车站慰问学生。张效房回忆说，这些热心的群众为青年学生的壮举所感动，他们带着饼干、点心、开水，还有人拿着煮熟的热鸡蛋。在前来慰问的人群中，很多女老师带着吃的、喝的，眼里还噙满了泪花，她们在心疼自己学生的同时，也从年轻人的身上看到了祖国的希望。

三天以后，南京政府专门派官

员到开封谈判，向学生承诺，政府一定会以民族大义为重，坚决抗日，并赞扬了学生们的爱国热情，号召大家要团结一致，维护国家和民族利益，为国家的强盛努力奋斗。

看到政府的这些表态，学生们商议后认为这次行动已经取得初步成功，加上确实有人在这次请愿活动中已经冻病，大家商量后决定回校，继续努力学习，将来为国家的富强贡献力量。

胡佩兰亲历了这次激动人心的"一二·九"学生运动，"天下兴亡，匹夫有责"、爱国自强的种子在她心底生根发芽。她决心确立良知，发愤求学，练就本领，将来为国为民奉献自己的绵薄之力。

崇拜史良　改志学医

亲历开封 支援"一二·九"运动，胡佩兰思想上经受了巨大冲击。国家贫弱，内忧外患，如何改造社会、改造中国，何时国家才能繁荣自强，这些事关国家的话题，成为胡佩兰与同学们在学习之余常常探讨与思考的热点。她们从不同角度去剖析中国当时所面临的诸多问题及其症结所在，提出过许多改造现实社会的方案，将自己的职业规划与民族、国家和社会紧紧相连，力求找准自己的人生坐标。

史良是胡佩兰最为钦佩的人，甚至直到晚年时期的胡佩兰，谁跟她聊起史良，她就会满脸放着光彩，瞬间打开自己的话匣子，滔滔不绝地与大家分享她年轻时如何关注史良，如何以她为榜样，激励自己奋发有为、健康成长的故事。

1900 年史良出生于江苏常州一个清贫的知识分子家庭，13 岁

七君子（史良等）

进入常州女子师范附小学习，15岁考入常州女师，19岁参加五四运动，曾任常州市学生会副会长。1923年，史良考入上海法科大学，1927年毕业后任南京政工人员养成所指导员。1931年，史良开始在上海执行律师业务，曾任上海律师公会执行委员。

九一八事变后，史良发起组织了上海妇女界救国会，被选为理事。上海文化界救国会成立后，史良被选为执行委员。1936年，史良任全国各界救国联合会常务委员；同年底，与沈钧儒、章乃器、邹韬奋、李公朴、沙千里、王造时等，因积极参加与领导抗日救亡运动被国民党政府逮捕入狱，是历史上著名的"七君子"之一。史良生活的年代，正值中国半殖民地半封建社会之时，帝国主义侵略与清朝统治者的腐败，使得中华民族面临灭亡沉沦的边缘。神州大地满目疮痍，人民生活在水深火热之中。史良从青少年时代就具有强烈的爱国主义思想。

在新学说与新思潮的冲击下，史良树立起反帝反封建的革命人生观。她积极组织参加学生爱国运动，1920年，在著名的民主革命家、教育家、思想家，北京大学校长蔡元培等人倡导的平民教育思潮的影响下，史良为推广平民教育发起创设了义务教育。1931年"九一八"事变发生后，史良积极参加上海群众反日爱国运动，并参与中国共产党领导的营救被捕蒙难人员工作，参加党在上海的外围组织"革命互济会"，同时出任该会律师。

史良的杰出表现，令胡佩兰无限崇拜，也对她产生极其深刻的影响。像史良一样，做一名爱国救民的大律师，为贫苦百姓伸张正义，是胡佩兰最初的理想，只可惜胡佩兰高考当年正赶上抗日战争爆发，上海很多大学都不在河南招生，使她没有实现考入上海法政大学与史良成为校友的梦想。

既然做不了"良相"，胡佩兰便决定做一名"良医"。她坚信良医不仅能为劳苦大众医治病痛，还可以通过自己的努力，让老百姓都看得起病，并可用高尚的医德去抚平患者心灵的忧伤。

在中国传统文化理念中，治国与医人道理相通，悬壶济世与治国安邦放在同等重要的位置。人世间的灾难，除了战争，莫过于疾病。中华民族能够繁衍至今，儒家传统影响至深，而医生的功德亦不可估量。"但得世间人少病，何妨架上药生尘。"一批批儒医以推己及人、舍己救人的理念和胸怀，把儒家的仁爱思想推到了极致。我国近代史上有很多志士仁人志在救民于水火，也是从学医开始，走上革命道路的，诸如孙中山、鲁迅、郭沫若等。

姐姐胡淑兰因难产去世，年仅23岁。这在15岁的胡佩兰心里留下了不可磨灭的悲痛伤痕。想必，成为一名好的妇科大夫，让姐姐的悲剧不再发生或少一些发生的想法，应是从那时就开始在胡佩兰心间萌芽的。

"不为良相，便为良医"的远大理想与一腔热血为亲情的温柔内心，促使胡佩兰选择了学医这条道路。

1937 年夏天，胡佩兰以优异的成绩在开封女子中学毕业，并参加了全国统一的招生考试。

当年的 7 月 7 日，卢沟桥的枪炮声不仅揭开了中国人民抗日战争的序幕，也打破了河南大学这所圣洁文化殿堂的宁静。北平、天津渐成危城，人们纷纷逃难，躲避战争，寻求生机。胡佩兰报考河南大学时，大批高中毕业生纷纷绕道南返，聚集中原，使得当年河南大学的报考人数成倍增加。

当年考试的场景，令胡佩兰终生难忘。那时正值中原地区多雨季节，考场不时漏着雨滴，为避免雨水淋湿考卷，考生要在桌上不停地来回移动卷子。当然，由于不停地下着大雨，也使得考生能够获得一时的平静和踏实。因为这种天气，日本飞机不会出动轰炸，考生完全可以安心答卷。

那年秋天，高考发榜，胡佩兰的名字赫然在列。

胡佩兰成了汝南县第一位女大学生。

第三章

河大南迁薪火传

弦歌不断迁嵩县

贷款助学　利国利民

　　得知女儿考上大学的消息，母亲王成修当然异常高兴。她原想在家乡为胡佩兰好好庆祝一番，也好和亲友一起分享难得的欢乐。无奈身处战乱，局势紧张，民间不断传来日寇进逼中原腹地的消息，这个打算只得作罢。

　　据史料记载，从1937年10月日寇飞机就开始轰炸开封城。1938年2月14日（农历正月十五）上午，正是元宵佳节，日本侵略军15架飞机分3批侵入郑州上空，对正在观灯的市民进行轰炸，火车站、二马路、大同路、南菜市一带数百间民房被炸毁，500余名无辜平民被炸死炸伤，陇海、平汉铁路及郑州火车站被炸毁，城中商业区，悉成灰烬，郑州几成废墟。当年3月、5月，日军对开封、郑州陇海、平汉铁路附近的商业区进行轰炸，仅在5月对郑州的一次轰炸中就毁房316间，造成64人死亡，25人受伤。

　　持续的战乱使胡佩兰母女俩聚少离多，刚开始的时候，胡佩兰曾返回汝南老家，女扮男装，帮助母亲把家里的金条、银圆等财物转移到了安全隐蔽的地方。

　　安顿好家里的一切，胡佩兰又回到开封河南大学医学院读书。母亲王成修则留在汝南。后来，战火加剧，开封城岌岌可危，河南大学也开始转移。胡佩兰跟着学校离开开封，随校南迁；母亲王成修也被迫四处避难，居无定所，胡佩兰与汝南老家的亲人一度失去了联系，也失去了一切经济来源。

全面抗日战争爆发后，战火迅速蔓延至华北地区、华东地区以及华南地区。战争给中国人民带来的只有摧毁和破坏，许多中国人开始了背井离乡的生活，向大后方——中国大陆的西南方逃奔。战争使得众多学生的家庭经济雪上加霜，人们能够活命已属万幸，许多人已无力继续求学。在当时的环境下，如何让青年学生完成学业，将来更好地为国家服务，成为最严峻的问题。有鉴于此，国民政府成立了全国战时教育协会，负责全国各地学校和研究所的迁建工作，并由时任教育部长的陈立夫提议，于1938年出台了《公立专科以上学校战区学生贷金暂行办法》，规定学生凡是家在战区且家庭经济来源断绝者可以向所在学校申请贷金。

《公立专科以上学校战区学生贷金暂行办法》规定，所有学生，无论家乡是否沦陷，一律都为"流亡学生"，可以享受国家贷金待遇，即国家免费供应口粮及伙食费，以贷金形式借贷给学生，毕业后偿还（当然，随着局势的变化，享受资助的学生最终未能偿还）。胡佩兰和许多学生都是依靠贷金，在极度危难的岁月维持生活、完成学业的。最初，每个学生每月拿到四块大洋，后来由于通货膨胀等原因，每人的"贷金"增至六块。

陈立夫直到晚年都为他当年的举措洋洋得意，他在回忆录中津津乐道，自诩"我认为我人在台湾，而在大陆上的学者，还怀念着我，这贷金制所产生的久远影响，尤使我格外欣慰"。

据统计，抗战期间由中学至大学毕业，全部靠贷金或公费完成学业的学生，学生人数超过12万人，包括像李政道、杨振宁这些后来的知名学者，能够在西南联大顺利地完成学业，皆得益于贷金制度。这项制度，为中国培养出大批的优秀高级人才起了很大的作用。

河大南迁　薪火相传

胡佩兰最宝贵的大学时光，是在河南大学医学院度过的。由于战乱的影响，胡佩兰的大学上了七年。

"这是一个集体，有老师、同学，大家相互支持，共同提高。那是一段难以忘怀的岁月！"直至晚年，胡佩兰回忆起在河南大学的那段求学时光，仍然满怀深情。

当时，日寇对中国军队步步紧逼，国内局势日趋危急，北京、上海、南京、武汉等许多大城市相继沦陷。国民政府被迫从南京迁到重庆。国家首都的西迁，伴随着工厂、学校和大批难民的西移，形成了中国历史上一次空前的大规模"西迁运动"。

抗战初期的高校内迁，无疑是当时社会政治、经济、文化重心西移的重要组成部分，也是国民政府为保护教育和人才所实施的一项重要措施。

史料记载，对于高校的内迁，开始时是存在严重分歧的。有人主张改组或停办教育，让学生应征服役，投入抗战，保家卫国，实质是反对内迁。在历史的关键时刻，当时的国民政府认为"抗战既属长期，各方面人才直接间接均为战时需要。为自力更生抗战建国之计，原有教育必须得维持，否则后果将更不堪，就兵源而言，以我国人口之众，尚无立即征调此类大学生之必要。故决定以'战时须作平时看'办理方针，适应抗战需要，固不能有任何临时措施，

1930 年的国立河
南大学

但一切仍以维持正常教育为其主旨"，果断做出了高校内迁这一关
乎中国教育史上最关键的决定。

1937 年 7 月起，为了从这场浩劫中抢救和保存我国教育文化
的血脉，坚持抗战，众多高校开始了历史上罕见的大搬迁。

当年的 12 月份，随着日本军队侵入中原腹地，豫东、豫北先
后沦陷，开封城危在旦夕。为了使中原教育薪火相传，河南大学的
搬迁也成为唯一的选择。

河南大学医学院 1941 级学生梁祖翼先生在回忆录中说，校长
刘季洪主张南迁鸡公山，然后一劳永逸地迁到四川万县，并曾派人
到万县筹划校址；当时的教育部长陈立夫已表示支持。但是，这
个意见遭到新任省长程潜及地方绅士和部分教授的反对，他们认为
河南大学属地方高校，迁出河南，省府无法顾及，不可能享有与"国
立"高校相同的待遇；时在鸡公山驻军的冯玉祥、张钫两位将军及
河南地方绅士也极力反对，不愿将河大迁离豫境，张钫将军建议将

河南大学迁往豫西山区。最后，学校被分为两部分搬迁：校部和文、理学院迁到鸡公山，农、医学院则迁往豫西南的镇平县。

胡佩兰回忆，学校决定搬迁的前夕，学生们得到消息后心情激动，夜不能寐。大家连夜整理仪器、图书和生活用品，为动身内迁积极准备。

图书、仪器、设备、药品等，大家哪一样都不舍得丢下。尤其是图书馆里众多藏书，好多都是珍宝，其中明代出版的《正统道藏》《万历续道藏》，洋洋大观，共 1476 种。除道教经书、人文古籍等珍贵图书外，河南大学的藏书包括医学、化学、生物学、体育、保健、天文、地理等论著，异常珍贵，极富文献价值，大家说什么也不舍得将这些"文化瑰宝"留下。胡佩兰回忆说，学生们一致决定尽量少带行李，衣服全都穿在身上，甚至连被褥之类必需的用品也尽量少带。大家都努力腾出更多空间，多带一些书籍。

学校组织教职员工及学生、眷属等，携带图书、仪器，分批起程。不能移动的校产及实验用具，都详细登记保管。最后，征得愿留校长期看守的职员一人及工友数名，给他们发足两年所需的留守费及食粮。全校师生颠沛流离，开始南迁；校长刘季洪直至全校师生迁离完毕，才离校南下。

抗战期间，河南大学师生亲历战火，颠沛流亡 8 年，遍尝人间艰辛，但他们的民族气节、追求学识的精神和一腔为国的血性，丝毫未减，反而在流亡的途中更加坚毅。

筑土成台　弦歌不断

抗日战争期间，南阳的镇平县、荆紫关（今属淅川县）、嵩县，

荆紫关古镇

这些地方都留下了河南大学坚持敌前办学的朗朗书声，也留下了胡佩兰求学生涯的悲欢苦乐。尽管一直跋涉在流亡路上，河大的师生们仍然怀揣追求新知、科学救国的梦想，坚持办学，从不会落下一节课。在国家生死关头，青年学子求学的热情更加高涨。

师生们徒步前行，每到一处，只要安顿下来，就立即开班上课。医学院到达镇平的第一天，老师和学生顾不得休息，就开始商讨选择教学场地，除租用民房外，还修建了数间草房作为教室。大家还抓紧时间，制订教学计划，安排教室授课，在最短的时间复课。

在教学环境较差、条件简陋、图书仪器等设备不足的情况下，老师边讲、边写，学生随堂抄记，大家克服各种困难，全力保证正常的教学效果。没有正规的医用手术实验台，医学院的师生就用土坯垒成土台，上面架上木板作实验台，以保证实验的正常进行。

由于日寇侵占了沿海各省，并封锁了所谓的"大后方"，学校临时所在地各种物资非常匮乏。当时，学校除了德文课外，其他学科几乎没有课本。上课时，老师大多是靠口授辅以挂图、板书等；学生则主要依靠记笔记的形式学习。

认真记录笔记是当务之急。因为学生的笔记就是教材，学生全靠它巩固知识。但是，当时条件下，物资匮乏，连正常的生活用品都极其缺乏，很难搞到笔记本、墨水等文化用品。

一群年轻的大学生们就发挥各自的聪明才智。他们从杂货店买来白色油光纸，油光纸的一边很光滑，一边稍微粗糙一些方便写字。大家用剪刀将油光纸裁剪成 32 开大小，再用针线缝起来当作笔记本。同学们一笔一画写得认真仔细，不舍得浪费一丁点儿纸张。同样经历过"战争游学"历史的张效房教授曾回忆说："我现在的字，就是那个时候练出来的。"

纸张的问题解决了，大家就一起琢磨墨水的问题。

同学们在杂货铺里找了半天，发现老百姓染衣服的染料竟有墨水的功效。他们买来洋蓝、洋紫色的染料，加水制成"墨水"，用蘸水钢笔蘸着写字。

下课后，为了完整、准确地吸收课堂内容，大家会互相补充笔记，将老师讲授的知识点一个不落详细记录，形成规范的讲义。在那个特殊岁月，课堂笔记不仅是老师传道授业的最佳媒介，也是他们知识的源泉，容不得半点马虎。

早期的这段节俭求学的经历，给胡佩兰的生活带来深刻影响。直至晚年，她虽早已是声名显赫的资深妇产科专家，四个儿子也各有成就，她也完全有条件过着很富裕、舒适的生活，却一直保持着节俭的美德：她会将病历本密密麻麻地写满，不舍得有一点浪费，

抗战中的河南大学学生

抗战转移中的河南大学学生

青年胡佩兰（中）

甚至连反面也不会放过。胡佩兰在出诊时有一个习惯，她经常会给患者写一些小提醒，这些提醒就写在一张小纸片上。这些纸片都是她平时从一些废纸的空白处剪裁下来的，纸片很小，能够写下即可，绝不会有一丝浪费。平日里一件衣服缝缝补补，穿了再穿；吃剩的一小块馒头，无论多小都不舍得扔掉，总要等下一顿热过后再吃。

　　河南大学的学生们，每到一处都表现出积极求学的精神和良好的学风，这些表现不仅感动了当地老百姓，也给镇平这个闭塞的山区带来了耀眼的文化冲击。胡佩兰曾经回忆，他们在镇平流亡期间，看到当地群众用河水做生活用水，同学们就帮助他们打井取地下水；师生们还用带来的发电机为当地老百姓解决照明问题。

　　镇平县原县志办主任胡会云介绍说："镇平是个闭塞的地方，抗战时还有人留辫子，新中国成立后还有人裹脚，但河大和其他一些学校在这里的停留，使镇平的文明进程提速。新中国成立后，镇平所出干部、教师曾居南阳各县之首，这都应该归功于河南大学的影响。"

迁徙中的河南大学确实是引人注目的。装载图书仪器的车队、农学院的荷兰奶牛，所到之地都引起人们好奇地围观。长长的师生队伍里，男的或着长袍，或穿西装，女的或穿裙子，或着旗袍，南北各地人长相各异、口音混杂。最让老百姓惊异的是，他们上课时还经常说一些让人听不懂的洋文（英文和德文），让淳朴的乡民莫名其妙；当然，这些实诚的老百姓也给这些"外来客"以最热情的礼宾待遇。

"人民群众真好啊！"胡佩兰无论何时回忆起年轻时的那段求学时光，第一句话总要这样感慨。在战火纷飞的年代，有时求一隅自保已经不易，许多村民却毫不犹豫地将自家的粮食拿出来，将家里最好的房屋腾出来招待这群"大脚学生"。时隔70年后，乡亲们朴素的情感以及对知识的尊重，仍然让胡佩兰感动不已。

胡佩兰与同学们在南阳镇平的生活渐渐平稳后，前方又传来了战乱的消息，学校还得搬迁。

1939年5月初，日寇发动了随（县）枣（阳）战役。5月中旬，日军第三师团等部为策应主力作战，一度攻占桐柏、新野、唐河等地。

新野战役后，距离新野100多公里的镇平告急，河大师生的安全再次受到严重威胁。

学校应该搬到哪里？此时，在危难之中接任河南大学校长的王广庆起到了关键的作用。

早在学校迁徙之时，刘季洪校长感到学校前途艰难万分，个人

不便担此重责，不得已向省府请辞。后经核准，1938年10月，张
钫的幕僚、在豫西一带很有影响力的王广庆先生接任校长（河南大
学校史记载，刘季洪校长后到国民政府教育部任职，为河南大学改
为"国立大学"做出了重要贡献）。

王广庆字宏先，河南新安人，早年曾游学日本并加入同盟会。
1911年10月，他与同乡张钫参加西安起义，接着随军入潼关。清
军反攻，王广庆先生等转进商洛，中州革命党人及民间武装都来聚
集，与清军作战，再克潼关，连破灵宝、陕县，直捣渑池，洛阳为
之震动。1912年，王广庆先生随陕西陆军第二师（原东征军）到川
东，出任开县县长。1914年，王广庆东渡日本，入私立法政学校，
攻读政治经济学。毕业后回国，羁留北京。

1918年，王广庆随张钫由北京至陕西，在靖国军司令部参赞
戎机，谋划军事。

1924年"北京政变"后，胡景翼督豫，因王广庆先生富有地
方行政经验，胡邀其任豫东道尹，王广庆固辞不就。胡景翼再请王
广庆任开封县县长，并笑着对王广庆说："昔包拯为开封县令，号
包青天，吾将以先生为包公再世也！"后来，胡景翼又请王广庆任
临颍县长。1938年10月，王广庆先生在危难之中接任河南大学校长。

王广庆执掌河南大学6年之久，在烽火连天的岁月，为了支撑
这所在敌占区办学的高校，他想方设法稳定人心，尊师重教，诚聘
名师，坚持按照部颁教学计划开设课程，因地制宜进行教学，结合
山区实际开展科研活动，提倡爱国爱校，尊重学术自由。这一时期，
河南大学在教学、科研及学生管理等方面都取得了优异成绩，在全
国专科以上学生各种竞赛活动中均取得过优异成绩。

烽火间习医术（后 2 排中为胡佩兰）

　　"当时真是枪声追着读书声，声声入耳啊。"胡佩兰回忆，那时怕日寇追上来，还有同学与老师轮流出去打探消息，随时做好应对，确保大家安全。

　　经过这样的洗礼，同学们更觉身上肩负了神圣的使命。国家正处于危难之间，此时此刻，他们都有一个共同的想法：作为大学生，唯有学习便是最好的抗战。

　　学校的掌舵人——于危难之中接任校长一职的王广庆，首要任务便是给大家找一个安全、稳妥的"游学"之地。

　　据河南大学文学院 1939 级学生姚惜鸣先生记述，新任校长王广庆是新安县磁涧乡掌礼村人，对豫西山区的情况了如指掌。因此，他主张将学校西迁豫西山区的嵩县。那里山高林密，交通闭塞，是"游学"的好地方。

烽火连天　搬迁嵩县

此前，为了给学校、学生找到一个安全安静的场所，王广庆曾亲自探访嵩县县城，考察那里的地理环境。

那是 1939 年 3 月的一天，王广庆从南阳镇平出发，一路翻山越岭。令他欣喜的是，八百里伏牛山竟无半点硝烟。王广庆看到嵩县县城的环境后大声赞叹："此乃迁校的绝妙之地！"

的确，相比硝烟四起的南阳，这里别有一番景致。

始建于战国时期的嵩县，历史久远。只见城墙保存完好，一色青砖到顶，高约 15 米，将县城团团围住。更令人称奇的是，东城门上还立有两门威严的大炮。城围五里有余，共有四个城门，内设三条大街、十多条小街。街巷之内，青砖瓦房，屋宇连栋。波光粼粼的伊河，傍着县城流过，更有竹林片片，郁郁葱葱，绕着远山。真是个好地方！面对眼前的这片安静之地，王广庆甚是喜爱。

其实，选择嵩县，除了地理位置的优势，王广庆更做了缜密思量，这便是王广庆自己的人脉优势。他本是豫西新安县人，曾是豫陕两省军界重要人物张钫的幕僚，又和当时的河南省主席程潜是朋友，还与嵩县籍国民党中将宋天才熟悉。若在嵩县一带办学，在政治、经济方面以及战况信息的获取方面都有人照应，行事很方便。

令人更加庆幸的是，王广庆正在嵩县县城细细考察之时，一段巧遇更是让这次"觅校"之旅更加完美。

《河大百年》也对这一段"巧遇"做了记载：1939 年 3 月，在潭头镇（现归属河南省栾川县）任高级小学校长的马振堂，在嵩县县城遇到在开封上洋学时的同学王广庆，王广庆此时已是河大校长。老同学重逢，交谈甚欢。王广庆告诉马振堂说，河大准备迁至嵩县县城。马振堂一听，马上想到自己工作的潭头镇，认为河大迁往潭头镇，对河大和当地百姓都有利，便热心地向王广庆介绍了潭头镇的情况。

马振堂热情地向老同学介绍，潭头地处豫西深山区，北靠熊耳山，南绕伊水河，西连伏牛山，东通石门峰，三山一水，风景极其秀丽，实在是办学的好去处。

马振堂认为，河南大学如果迁驻潭头，有四大有利条件：第一，校舍不难解决，潭头镇上的神庙可全部让给河南大学当校舍；第二，想办中学的话，会得到热心教育的乡绅的支持；第三，这里有名扬远近的九龙温泉，离镇子不远，可供河大师生洗浴；第四，潭头四面环山，沟沟岔岔很多，特别僻静，有利于隐居避敌。

王广庆听了老同学的道白，觉得很有道理。于是，当天下午，他们拜访嵩县县长和县督学，很快便征得同意。次日一大早，二人不顾劳顿，匆匆赶往潭头，考察办学条件去了。

到达潭头镇，一看周围环境，才知道这里相比嵩县县城，更有一番绝佳美景。只见在群山环抱之中，以潭头镇为中心的十几个村落烟淡林疏，沙平岸阔，就像一幅不太等分的太极图形，星罗棋布地散处在一块面积不大的盆地上。伊河从街头流过，近处房舍俨然，远处疏林淡烟。小镇街旁遍植槐树，白花绽放，清香扑鼻。村镇上的房舍多为青砖瓦房，又有石板铺路，一切井然有序，鸡犬之声相闻，一派和平景象，俨然一处世外桃源。

潭头镇与嵩县之间，高峰耸峙，深涧乱石，尽是羊肠小道。这里不仅是现实版的世外桃源，更是躲避战火、安放书桌的好地方。

王广庆不由得感叹："真乃是天时、地利、人和！"

很快，王广庆便决定带领所有河大师生，迁校于嵩县潭头镇！

《河南大学校史》记载：1939 年 5 月，河南大学校本部及文学院、理学院由鸡公山出发，连同在镇平的农学院一起，跋山涉水到达伏牛山北麓，搬迁到嵩县西南部山区的潭头镇。这时，医学院也由镇平搬迁到了嵩县县城。

胡佩兰回忆，1939 年 5 月下旬，他们在王广庆校长的率领下，徒步向北翻越伏牛山，经方城、叶县、宝丰、临汝、伊阳、伊川，历时 10 多天，行程 600 余里，终于在 5 月底抵达嵩县县城。

第四章

日寇突袭酿惨案

百姓相救渡难关

播种文化　乡情难忘

抗战时期，河南大学的师生在外流亡8年，其中5年时间是在嵩县县城与潭头镇度过的。伏牛山因良好的森林植被，号称"华北的肺"，而其腹地的这个小小的冲积平原，由于河南大学的存在，成了抗战时期河南的文化绿洲。

胡佩兰回忆起当年的情景，曾深情地说："迁到嵩县县城的那一天，大家感觉都跟过年一样。"那天，当地的老百姓几乎是列队欢迎。这些憨厚的乡民见到学生，就像见到亲人一样，纷纷迎上前来，帮忙拿行李、送开水。更有乡绅送来粮、肉、禽、蛋、果、蔬、柴，帮助置办桌椅板凳等教学用具，支持办学。淳朴的乡亲们宁愿自己住在窑洞，也要争着将自家的好房子腾出来给师生们住。

当时，共有1300多名师生迁到嵩县，医学院约有300多名留在县城，河南大学校本部及文、理、农三个学院1000名师生员工搬迁至距离县城40公里的潭头镇。

"我们班共22人，女生7名。"胡佩兰追忆当年，还能记起她们的宿舍与教室都是借用嵩县城内和西关一带的民房、庙宇。其中，病理学馆、生理学馆、细菌学馆设在县城西关老君庙的大殿里，医学院办公处、医学图书馆和师生信件收发处，均设在县城中心的原"首三图书馆"大院内。

当时，学校安排所有年级的女生都住在一起。男生们则发扬绅士风格，将一些大户人家条件较好的院子让给女生住，而他们则住到一些条件相对简陋很多的民房里。

小小的县城原本没有那么多教室，为了方便这 300 多名师生，乡亲们早在得到学生要过来的消息时就提前帮忙，将原来的老君庙进行改造——两边的厢房改成教室，大殿改成实验室。为了方便学生们上课，乡亲们就地取材，用黄土砌成桌椅板凳模样的土墩，上面再铺上长木板，就成了特殊时期的课桌。

条件虽然简陋，但处处可见乡亲们的用心，让人心生无限温暖。医学院既然设在县城，河南大学医学院附属医院也要随之建起来。这样，不仅方便了师生们的实习，更重要的是，可以方便当地老百姓看病就医。

胡佩兰后来回忆，由于当地山高路远，信息封闭，原来很多人生病后没有条件看医生，都是信奉一些巫医土法，很多病人因为延误治疗而被病魔夺去了生命。

来到山区，河南大学医学院的师生们决心用科学知识改变这个封闭小县城的现状。当地的乡绅知道他们要建医院的消息，一起帮忙，将书院街的财神庙进行改造，在院里又新盖了 5 排草房，使房舍增至 35 间，作为河南大学医学院附属医院，建起了内科、外科、妇产科等门诊部，并建成可以安置 30 张病床的新式病区。

为了回报乡亲们，医学院师生利用县城每年的庙会向老百姓宣传医疗卫生知识，进行科普教育。为了消除长期以来农村形成的封建愚昧思想，师生们将医疗标本拿到街上进行展览，形象生动地给大家讲解科学治病防病知识，现场诊断病情。如果遇到家境贫困的病人，他们还会进行免费救治。

所有这些，都在年轻的胡佩兰心底打下深深的烙印，对于胡佩兰的价值观的形成起到了至关重要的影响。从那时开始，视病人如亲人，让所有的老百姓都看得起病，成为胡佩兰一辈子从医的坚定信念。

嵩县地处山区，一向缺医少药，山民患病多求助于神汉、巫婆。河南大学医学院及其附属医院迁到这里后，山区到处充满科学的气息，文化的种子很快生根发芽，进而枝繁叶茂。广大学生学以致用，成功地治愈了大批的病人，从而对于破除迷信、宣传科学、倡导新风起到了很大的作用。一个明显的现象可以证明科学引起的山乡巨变：由于产科新式接生的实施，原本到处都是死婴的嵩县，婴儿的成活率大大提高。河南大学师生的教学实践使当地群众大开眼界，他们无不为之啧啧称赞。

跟随大师 授业解惑

抗战时期的学习条件是艰苦的，但精神是富裕的。最令河南大学师生自豪的是，虽然学校一迁再迁，但他们保存下来的教学设备、图书和师资力量较国内其他内迁的大学并不逊色。

尤其是当时一批有留德、留日、同济背景的专家教授，使河南大学的师资力量至今仍让人们心生敬仰。

据胡佩兰后来回忆，当时学校的生理与内科课程都是由"部聘讲座教授"、留学德国博士朱德明讲授的。"部聘讲座教授"由国民党政府教育部特聘，级别比一般教授高，学术水平和医术自然也不一般。

　　朱德明教授祖籍也是浙江，算是胡佩兰的老乡。因朱教授操南方口音，他怕同学们听不懂，上课的时候，朱教授讲话就会特意放慢语速。当时图书馆里的很多医学教材都是德文原版，为了锻炼学生们尽快适应他的授课，朱教授上课时总是用德语与汉语穿插讲授，这样也就方便了大家学习。

　　朱教授上课认真，对学生要求也很严格。每次上课，他总要提问督促，时时检查学生们是否掌握他传授的知识。

　　当然，一个人对别人要求严格并不代表什么，令大家钦佩的是，严格要求别人的前提是自己率先做了更加苛刻、几乎完美的表率。

　　胡佩兰回忆，朱教授每节课都会提前备好教案，上课只拿一个简单提纲，但讲课时很少瞅一眼。每个知识点，他都会讲得详细、透彻，比课本上还精确。新中国成立后，朱德明曾任河南省卫生厅副厅长、河南省人民医院副院长。这样的大师，对胡佩兰医术医德的养成，可想而知。

　　还有皮肤科的刘蔚同教授，也是留学德国博士。在嵩县留学期间，他还兼任附属医院院长、高级助产学校和卫生护士学校两所职业学校校长，担任学生们的德文教师。

　　刘蔚同教授几乎是以医院与学校为家，不是在给患者看病，就是在给学生上课，很少见他休息。他后来留在西安，是西安医科大学著名教授，中华医学会皮肤科学会的主任委员，在全国很有学术地位。

　　神经内科教授张静吾，也是留学德国博士。抗日战争爆发后，

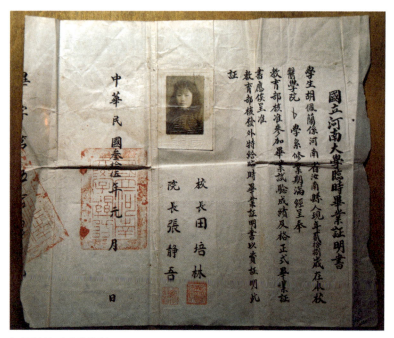

胡佩兰的河南大学毕业证

他曾去贵州安顺军医学校任课。后来，河南大学师生联名打电话将他从贵州请回来当院长。

1944 年，胡佩兰的毕业证上医学院院长一栏的签名，正是张静吾教授。

在胡佩兰的记忆里，张静吾教授讲课很生动，但也异常严格。他最不喜欢学生不认真学习混日子。在课堂上，张静吾教授经常提问，学生怕万一回答不好受训斥，每到这个时候，多低着头不敢说话。张静吾就用"粉笔头点将法"，粉笔头投到谁，谁就得回答问题。

为了严格要求大家，张静吾新任院长后，特意开了一次集会，重申学生标准，他说："我听说每年学生都能全部毕业，那怎么行，学习都那么好吗？"

张静吾的"压力激将法"虽显残酷，但大家能够接受，因为大家明白，只有严格要求，才不至于让难得的大学时光荒废。

张静吾教授先后任上海同济大学内科教授，"国立河南大学医学院"院长，著、译有肝炎和神经科德文资料近100篇。参加编写医学院神经科第一部自编教材《临床神经病学》，翻译《临床神经病学基础》一书，1979年至1981年又译出50万字的《神经病学教科书》。后曾当选中国人民政治协商会议河南省委员会常务委员，中国民主同盟会河南省委员会副主任委员和中华医学会河南分会常务理事。

留德博士李赋京教授当时上课时也很生动，李赋京是我国寄生虫学家、教授、著名解剖学家、组织胚胎学家、钉螺研究专家、医学教育家。他是陕西蒲城人，毕业于德国哥廷根大学医学院，获医学博士学位。新中国成立后，他历任武汉医学院教授、教务长，武汉市中医进修学校校长。1931年起他从事对血吸虫的中间宿主钉螺的生理、生态、解剖分类的研究工作，是我国研究钉螺最早的专家之一。李赋京1935年在安徽省发现的钉螺新种，经国内外专家鉴定，定名为"李氏钉螺"。他著有《医学昆虫学》《普通解剖生理学》等。当时，由于条件所限，缺乏挂图与标本，李赋京就用粉笔在黑板上画各种栩栩如生的图，将各种寄生虫的幼虫、成虫、宿主、中间宿主、传播途径、在人体内的游走路径和寄生部位表达得清清楚楚。当时，我国北方医务界对于血吸虫病的了解还很少，像他那样能兼做科研工作的教授可以说是凤毛麟角。

那段时间，河南大学医学院还有一位学术上星光熠熠的德文教

师万·托克女士，她是奥地利籍，她讲课生动有趣，经常在课堂上
谴责希特勒。河南文史资料显示，抗日战争前后，河南大学医学院
的教师中，多是留学德国或属于"德日派"的医生，他们的名字为：

外科学教师：阎仲彝教授（留学德国博士）

病理学教师：鲁斐然（章甫，留学德国博士）

细菌学教师：褚葆真（留学德国博士）

妇产科学教师：王毓琛（女，留学日本）

眼科学教师：张季平（留学德国博士）

药理学教师：夏一图（留学瑞士博士）

生物化学教师：梁之军（留学德国博士）

此外，还有一些上海同济医学院或河南大学医学院本部经多年
培养的教师，如儿科学教师单德广，局部解剖学教师宋玉五，外科
教师生明（景清），生理学教师徐庆祥（云五），解剖学和组织胚
胎学教师张金波（铭斋），病理学教师耿俊彩、李光泽，生物学教
师邓之真，统计学教师李文饶，眼科学教师孙凯元等。

除了令人瞩目的师资力量，学校的图书、仪器、设备也很齐全。
学校和医院从开封迁出时，这些"文化财富"都整箱运出，虽经多
次转运，但从没丢失。这在战乱时期简直是奇迹。

在上解剖学课时，学生们画骨肌韧带解剖图时去图书馆找相关
资料。当时存有很多德文原版的教材和一些影印本。例如 A.Rauber
与 F.Kopsch 著的《人体解剖图谱》及 W.Spalteholz 著的《解剖图
谱》等，每两位同学都能借到一本来学习。

那时学校还保留有五六百幅精美的彩色解剖挂图（系依照德国
莱比锡出版的解剖书籍所绘制），还有若干瓶装实体解剖标本，从

而为讲解剖学的宋玉五、张金波（铭斋）老师提供了很大帮助。

上组织胚胎或病理课时，学生或每人使用一台显微镜观看微观标本，或学画微观组织图、病理图，或利用实验设备和试剂学做各种实验；老师则在一旁进行辅导、答疑解惑。

教室、图书馆、河南大学医学院附属医院（当时属于实习阶段）"三点一线"是当时胡佩兰的生活状态。参加工作后，甚至到晚年，胡佩兰同样是"三点一线"，不同的是教室换成了家。

大学那段时光给胡佩兰带来的文化财富是无穷的。能够聆听大师亲自授课，使胡佩兰的医学知识和医术大为长进。后来很多人感叹胡佩兰的医技好，不仅仅是妇产科方面，很多时候，她甚至是"全才"。这些都要归功于当年严师的帮扶教诲和她自己扎实的学业。

焚膏继晷　秉烛夜读

在炮火连天、硝烟弥漫的战争岁月，河大学子深知学习机会的来之不易，非常珍惜这段难得的安宁时光。他们心无旁骛，如饥似渴地读书学习。

河南大学文学院1941级学生宋景昌在他的《回忆在潭头的日子》一文中这样写道："一间斗室，至少要摆放三张床；一个小窗户，无法使三人都能取光。于是我们在土墙上凿个圆洞，在里边糊上一层薄纸，使之透明，美其名曰'太阳灯'。晚上，在油烟袅绕的桐油灯下，在歪斜的破桌上，俯首阅读，直至深夜。清晨，很早起床，到河滩背诵。真可谓'鸡鸣而起，斗转而息'了。从宿舍到教室，要走二三里路，无论盛夏酷暑，从不耽误听课。"

对于这段特殊的求学时光，胡佩兰直至晚年，一直念念不忘。

在她的记忆中，当时只有白天上课，学校也没设晚自习。但一吃过饭，大家都自觉到"首三图书馆"去学习。

"首三图书馆"，让人听起来很有趣的名字。胡佩兰与同学们最初都对这个图书馆的名字感觉好奇，也不知其来历。后来，经过当地乡亲们的介绍才知道，这个图书馆是一个国民党的师长盖的。这个师长是当地一个军阀，名叫王天才，字首三。王天才有出息后，第一件事就是回到家乡建了一所中学，名叫嵩英中学，还建了一座图书馆，取名"首三图书馆"。河南大学的师生搬迁到这里后，这个师长就将图书馆无偿借出来，供师生们使用。

"首三图书馆"有独门的大院子，院子中间有两层楼，一层差不多有100多平方米。两层楼后面还有一排平房，当作医学院办公的地方。虽然叫图书馆，里面却没有一本藏书，倒是有一些桌子与椅子，可做学生们晚上自习的场所。每近傍晚，同学们就会三三两两结伴前往，安静地坐下来读书。当时，那里还没有电灯，为方便同学们的自习，学校就在两层楼上各挂一盏烧煤油的汽灯。寂静的山村，汽灯照亮整个院落，灯光下显出同学们求知的眼神、稚嫩的脸庞和焕发青春活力的身影，剪出一道战争岁月难得的和平景观。

在现代人的记忆里，煤油汽灯已难觅踪影，但在20世纪40年代河大流亡办学的8年时间里，却成为广大师生记忆深处一盏最为温暖的明灯。

胡佩兰说，当时的汽灯最初点的都是煤油，一般一盏灯一个小时耗油二两，相当于300瓦灯泡的亮度。只可惜，用了不到一年，由于战争的影响，已经没有煤油可烧了！

那时，日寇已经占领我国沿海城市领土，封锁了那里的所有港口，煤油因无法进口而奇缺匮乏。同时，嵩县地处山区，偏僻落后，那时也没有发电厂，生活照明无法保障。

为解决晚上照明问题，学生们想出了各种办法。他们先是将煤油灯改装成香油灯。香油灯的亮度很弱，两个人依偎在灯下才能勉强够用。同学们两两一起，用改装的香油灯继续学习。如豆的灯光，陪伴着同学们度过韶华时光。为了让香油灯的亮度足一些，看书的学生就需要隔一段时间剪一次灯芯；有时，灯火爆燃，"啪"的一声，或打断同学们的沉思，或惊醒困乏的睡意。

让人尴尬的是，灯芯的"存粮"也顶不住同学们夜以继日的刻苦学习，整个嵩县县城最后落到了连灯芯也买不来的窘境。

这时，学生们又四处寻找替代品。最后，他们用最原始的香树油灯盏来照明。这些原始灯盏的光线昏暗，并且油烟很大。熏一晚上，学生们第二天起来鼻孔里都是黑的。有时，有的同学还会无意中抹到手上、脸上。同学们相互对视，不禁哈哈大笑——大家几乎都成了大花猫脸！

后来，香油也成奇缺品，大家只好就地取材用杓树油。杓树油价钱不贵，杓树果子山里到处可见，经济便利。由于杓树油的一些特点，同学们还创造发明了"杓树油蜡烛"。

据介绍，这种杓树油冬季会冷却成固体。同学们选择一根竹管，切开两头竹节成管状，将一根线绳穿进去；再用两根小棍子将线绳两头系起来绷直，随后将杓树油倒进竹管，等凝固后从一头拉出来，简直跟蜡烛一模一样。

"杴树油蜡烛"点起来比香油灯还要亮一些，唯一不变的是油烟依然很大。黑鼻孔、花脸猫几乎成了河南大学师生当时熬夜读书的标配。

那段时间，学生们晚上秉烛夜学，熬夜到凌晨是常有的事。虽然晚上熬夜苦读，但第二天却没有一个人睡懒觉。早晨起来，大家简单洗漱，又会拿着笔记本，到附近的山坡上，呼吸着山里的新鲜空气，大声背诵课文，温习知识。

照明、读书的问题，学生们可以想办法解决，但还有很多困难问题无法回避。例如，嵩县县城三面环山，一到冬天特别冷。学生们住的民房都很简陋，宿舍的门窗都不严实，很多窗户都是用纸糊着挡风保暖，很多同学的手脚被冻伤。最冷的时候，学生们就会找来一个盛装木炭的小火盆放在桌子下面，将毯子铺在桌子上，大家绕桌坐着复习功课。

到了 1940 年，物价飞涨，河南大学的财力在数年的迁徙中消耗殆尽，师生的生活陷入困顿。特别是 1942 年，中原大地"水旱蝗汤"肆虐，吃饱饭已成师生们的首要问题。

庆幸的是，校长王广庆凭借在豫西一带的影响力，动用所有的关系，多方筹措资金，学校的正常运转得以维持。在当时极度艰难的条件下，师生们还能吃到玉米面窝窝。大家曾打趣地说："不爱三顿'黄金塔'，只爱一卷开心书。"有了不断追求科学、立志学成报国的梦想，大家并不觉得苦，很多时候还会苦中作乐。

抗日战争时期的那段大学时光，胡佩兰觉得整个人生都是充实的，毕业后，她爱岗敬业、倾心患者，她那高超的医术、良好的医德医风，都来自于这一时期汲取的丰富营养。

日寇突袭　潭头惨案

胡佩兰在嵩县求学的日子，看似静如湖面，实则波涛汹涌。

1944年，是胡佩兰即将毕业的一年，也是河南大学历史上让人最难忘记的一年。

史料记载，1944年"五一五"惨案中，河南大学师生被日寇屠杀16人，失踪25人。

"当时医学院的毕业考试，是冒着敌人的机枪扫射进行的。"直到很多年后，胡佩兰再次回忆起那段历史，依然感到不寒而栗。

当时，日军向中国的进攻速度非常快。早在1944年4月18日，日军第37师团和独立混成第7旅团，在中牟境内突破国军阵地后，就开始了豫湘桂战役的第一阶段——中原（豫中）会战。

接着，日军于5月1日攻占许昌，掉头向西，5月3日攻占禹县（今禹州市）、郏县，5月4日攻占襄城、临汝（今汝州市），进逼嵩县。

5月11日，胡佩兰和同学们接到学校通知，要求在嵩县县城的所有师生赶到潭头镇，与校本部会合。

潭头镇位于嵩县西南方向的伏牛山腹地，距离嵩县40公里的路程。胡佩兰后来回忆说："由于战乱，老百姓也在四处避难。去往山区的道路很难走，什么车也不通。"在崎岖的乱石丛中，师生们行走非常困难，何况大家还都背着书籍、笔记、仪器等行李，行动更加艰难。

好不容易赶到潭头镇，第二天一大早，大家就听说嵩县县城沦陷。

潭头镇危在旦夕，撤离潭头镇已是刻不容缓！

　　但是，如何撤离，撤向何方，学校一时也难以确定。当时，学校通知，12日早晨，师生一律撤出潭头镇，统一在50公里外的大青沟集合；教职工及家属则暂避于西南15公里外的重渡沟。

　　5月12日清晨，胡佩兰与同学、老师一起携带少量干粮和简单行装，穿过潭头镇南侧的伊河，到50公里以外的大清沟（在今栾川境内）躲避。

　　惊险的是，大家刚刚撤到伊河岸边，日军大炮的轰鸣声已经传来，并且越来越近。

　　时间紧迫，情况危急，路况险峻，行动艰难。大家揪着心，小心翼翼地撤离。

　　当时，伊河两旁都是山，几乎没路可走。大家行动时既要看着脚下，还要小心滑坡。山下面的伊河水流湍急。大家从伊河较窄的水面附近渡河时，为了不发生任何意外，特别用捆行李的绳子，由两个人在河的两岸各拉着绳子的一头，建立一道"水上安全防线"。师生们拉着这条安全防线，一步一步迈过几乎齐腰的河面，艰难地向前行进。

　　涉过伊河后，为了避免与日军直面相撞，师生们立即上山，专拣山岭上最为陡峭的羊肠小道走。5月12日傍晚，一队师生才抵达大清沟。

　　真是屋漏偏逢连阴雨。大家饥饿和惊魂未定，天空突然电闪雷鸣，山风裹着暴雨，昏天暗地。先前因为忙着撤离，师生们几乎一天粒米未进，这时又冷又饿。幸亏人群中有家在当地的学生，其中农学院的李德瀛，属于大户人家，家里存粮较多。在危急关头，李德瀛回家开仓放粮，生火做饭，才使得逃难到此的河南大学师生免受饥饿，渡过难关。

学生们领到麦子后，顾不得磨面，而是用碾盘快速将麦粒压扁。没有锅，师生们就找来一些破脸盆，用几块石头支起来升起火，把麦粒煮熟了充饥。大家深知这些粮食来之不易，吃的时候都是小心翼翼，细嚼慢咽，生怕弄掉一粒麦子。这段逃难经历，深深地影响了胡佩兰，也让她终生难忘。直到晚年，吃馒头的时候，哪怕只剩下大拇指大小，她也会收好，等下顿再吃，不会浪费一丁点儿粮食。

倾盆大雨整整下了三天三夜，学生们也在大清沟躲了三天三夜。5月的山区，寒气逼人。晚上，女生10多人拥挤到一个窝棚里，许多人冷得瑟瑟发抖。为了取暖，大家四处找寻，捡来一些木柴，点起篝火，围着火堆，度过胆战心惊的夜晚。

令人庆幸的是，由于一直下着大雨，日军侵犯的脚步明显慢了下来。胡佩兰和师生们也在考虑下一步的打算。茫茫山野中，究竟哪条路才是最安全的；下一步迁往何地；没有明确的栖身之所，盲目行动，会不会与日军相遇；等等，这些都成了难题。

当时嵩县以西的蛮峪、大章、旧县等地，原本驻有数万国民党军队。师生们本以为国民党军队可以抵御日寇的侵略，没想到这支国民党军队早在5月12日已经开始四处溃散，不敢迎敌。得知这一消息，身处险境的河大师生顿生愤恨，内心也平添几分惶恐。

胡佩兰的同学李广溥后来回忆说："12日一大早，就看见汤恩伯部溃兵从门前经过，询问前线战况如何，他们都低头不语，只顾向深山奔逃。看其狼狈相，就知前方战事不妙。"

噩梦在5月15日上午9时来临，当时，尚有部分师生没有想到日寇会那么快扫荡潭头镇，他们仍然滞留在潭头镇河南大学校园内。

5月15日9时许，日寇数百人分两路侵入潭头镇，一路经汤营石门村直抵潭头镇，一路绕北山麓，取道汪庄、纸房、石坪一带向西推进。突然发现日本军人，滞留潭头镇的河南大学师生在慌乱中出逃。

这时，大雨倾盆，山洪暴发，师生们在危急之中不知避向何处。一些教师家属和数十名学生盲目向北山转移，而日寇一路骑兵正从北山迂回袭来，双方正面遭遇。丧尽天良的日本军人将枪口掉向手无寸铁的师生员工及家属，悲剧即刻发生。这次惨案，师生中有6人中弹身亡，20余人被俘。

幸亏胡佩兰他们一行人走得早，虽然多次在山上远远望见日本官兵，万幸并未直接撞面。迁移的师生在大青沟稍作休整，遵照学校的决定，最后在淅川县荆紫关会合。

百姓相救　渡过难关

"五一五"惨案，造成河南大学师生16人被日寇屠杀，25人失踪。另外，多人在迁徙过程中饱受苦难，含恨而逝，其中，《植物学大辞典》主编、植物分类学家黄以仁教授年已古稀，从潭头镇撤出，一路饱受风寒惊吓，至荆紫关后一病不起，竟此作古；河南大学训导长、著名的机械工程学家赵新吾教授在赶往宝鸡的路上突患脑溢血逝世，年仅47岁。

占据潭头镇的日寇得知河南大学一部分师生撤至大青沟，企图强行渡河追击，终因山洪暴发，伊河水势太急而作罢。否则，敌骑追踪跟进，河大损失将更为惨重。逃离虎口的河南大学师生盘桓于崇山峻岭之间，穿行于密林草丛之中，饥寒交迫，备尝艰辛。

在这期间，多亏了淳朴善良的山区人民。胡佩兰过后回忆，如果不是当地老百姓的援助，他们不会逃脱得那么顺利。

《河南大学校史》记载："五一五"惨案发生之初，潭头镇人民群众便自发组织起来，担任向导，帮助搬迁，带领河大师生撤向安全地带。

5月16日，文学院部分师生在石门村农民张元父子带领下奔往南山大同沟躲避，途中张元主动将自己的粗布农装换给一名大学生。后面追击的日寇认定身着黄制服的张元是河大师生，便一起射击，可怜张元倒在血泊中壮烈牺牲。

在惨案发生当天，古城村农民杨章成不顾全家老少安危，护送住在他家的文学院学生李元龙到达安全地带。

潭头镇河南坡农民阎虎娃冒着生命危险，将黄以仁教授和他的妻儿三人藏在家里达一月之久。时值黄教授病重，阎虎娃夫妇像对待自己的父亲一样精心照料。黄以仁教授病情稍有好转后，阎虎娃雇了两个民工用担架将其送到荆紫关。据不完全统计，"五一五"惨案发生后，有100多名河大师生分散藏在潭头镇周围十几个村落的群众家中而幸免于难。不仅如此，当地群众还自动将河大的图书、仪器妥为保管收藏，对学校日后的恢复重建做出了十分重要的贡献。

关于图书仪器的珍藏，还有着感人的故事。

医学院学生李广溥曾回忆：当时，河南大学的绝大部分图书、仪器遗留在潭头镇和嵩县县城，对此，已撤出潭头镇的化学系主任李俊甫很不放心。

5月17日，即潭头镇惨案发生后的第三天，李俊甫便化装成农民，只身潜回潭头镇，找到了化学系实验室使用的 20 多个贵重的白金坩埚。他雇了两个青年农民，背着这些坩埚，连夜赶上逃亡的师生。在见到校方负责人后，他极力建议学校立即组织力量抢救遗留在潭头镇的校产，尽一切可能将残存的图书、仪器抢运出来，以便来日重建图书馆和实验室。逃难途中，学校资金匮乏，李俊甫、嵇文甫、王毅斋、李秉德等教授纷纷解囊，以应抢运图书、仪器之急需。

5 月 23 日，受校方委托，李俊甫带领 8 名师生二次返回潭头镇。此时，潭头镇还弥漫着恐怖的气氛，被日军杀害的群众和河大师生仍暴尸荒野。在当地群众的帮助下，他们掩埋了死难者的尸骨，搜罗散失在各处的图书、仪器。

医学院教授张金波（后来去台湾）带领多名学生，绕过敌占区，避开日军、汉奸的耳目，潜回日军占领下的嵩县县城。此时，医学院的图书、仪器多散失在百姓家中。张金波等人在城里秘密寻访，深明大义的群众纷纷献出所保存的图书、仪器。

日军攻陷潭头镇时，农学院的图书、仪器虽然也遭受了破坏，但因当地群众及时抢救并代为保管，其损失较文、理、医等学院要少一些。日军撤离潭头镇后，河南大学教职员工将这些图书、仪器搜集整理。为保证这些物品跟随师生，大王庙村像以往运军粮一样，将保存下来的图书、仪器全部运到了荆紫关。

河南大学之所以要在荆紫关落脚，关键是地形有利，进退方便。

荆紫关位于豫、鄂、陕三省交界处，濒临丹江，是当时通达西北地区和往汉口转运货物的唯一水陆码头。

河南大学校史记载：经清理，在抢运图书过程中，共有 71125

册图书被收回。可惜，由于当时的局势和条件限制，仓促之间没有用木箱装运，只是用麻绳捆绑，致使一些珍贵的线装书在运输途中受损严重。

在化学系主任李俊甫的主持下，理学院在荆紫关借用民房，安装仪器，组建了 12 个实验室并很快投入使用，使化学系得以率先复课。当时河南大学多数师生难以走出潭头惨案的阴影，心理遭受重创，其他院系还难以即刻复课。

初到荆紫关时，河南大学校本部办事处设在马家庙，学生则散居在镇内民房和附近村庄里。由于事先毫无准备，师生们的食宿极为困难。多亏热情善良的民众送来了许多贴锅大馍，校方又加发了一点菜金，才暂时解决了师生一日三餐的问题。四个月后，学校组织了伙食团，又借用了荆紫关一所小学，稍事扩建，才使师生们的住宿条件得到改善。

胡佩兰对那段灰暗岁月的暖色念念不忘。她说："在荆紫关，当地武装力量不允许外地逃难的人进入。但一听说我们是河南大学师生，马上就放行了。同时还给我们提供每日的粮食。"

"老百姓真好啊！"胡佩兰在晚年回忆的时候，多次感慨。"学成悬壶术，报与父老家。"从此，这种信念在胡佩兰心中愈发笃定。

1945 年 3 月，日寇发动豫南鄂北战役，河南大学被迫离开荆紫关，于 4 月中旬抵达西安，后西迁宝鸡。

1945 年 8 月，日寇宣布无条件投降。这一天，也是河南大学师生们的喜庆节日，大家无不欢欣鼓舞。1945 年 10 月，经历了 8 年流亡生活的河南大学两千多名师生陆续回到开封。看到历经浩劫，但依然矗立的大门和巍峨气派的大礼堂，学生们兴奋不已。

这段岁月，铸就了胡佩兰强大的内心世界，也使她形成了对教育、对知识的珍视，培养了她对老百姓的深厚感情，坚定了她一辈子都要坚守做一位为人民服务的好医生的信念。

第五章

和平时代获新生

琴瑟和鸣结良缘

劫后余生　母女重逢

抗战胜利了，胡佩兰也回到了阔别多年的汝南老家。

汝南县城前后经过多次沦陷，到处是战后的残败景象：房屋倒塌，断壁残垣，瓦砾遍地，伤痕累累……城内城外到处都是炸弹爆炸后一人深的弹坑，有的积水如池。

街道边、公路旁，到处可见战车、汽车残破的车壳。铁皮、油桶、破损的军械、炸弹残片、子弹壳、炮弹壳，甚至完好的手榴弹、手雷等也到处可见。

街边、路边、田野边、巷道及路边人家门旁，也有很多被残杀的老百姓及官兵遗体。幸存下来的老百姓强忍着悲痛，匆匆掩埋着同胞的遗骨，重建家园。

抗日战争结束了，活着的人们更加坚强，他们咬紧牙关，努力开始崭新的生活！

无屋可栖的百姓，拣来战争遗留下的残碎木料支起屋架，用部队遗弃的一些油桶、铁皮制成特殊屋顶，搭起一个个狭小局促的铁皮小屋，必须弓身而入。这些特殊的铁皮小屋排列于县城大街两侧，成为当时街上一道独特的、令人心酸的战后街景。

胡佩兰家原来沿街的豪华铺面木楼，很多已被烧得面目全非，大部分房屋壁倒顶颓，摇摇欲坠。面对眼前的狼藉，胡佩兰百感交集。她急切地想知道母亲的情况。

其实，胡佩兰的母亲王成修在战争发生后，与哥哥王石修家相互照顾。随着战事的发展，很多亲人在战争中流离失所，背井离乡。他们或客死他乡，或流落异地。胡佩兰的母亲王成修与外孙女张慧英一起逃难，她们一路向西，颠沛流离。由于战乱频仍，即使随身带有盘缠，也不能求得和平时期的正常生活，有时不得不靠好心的人家接济求

和母亲王成修（右为胡佩兰）

生。历经劫难，她们终于挺过艰难的岁月，回到了汝南老家。

战乱中，日军飞机多次排成人字形俯冲而下向县城里扔炸弹。一颗颗炸弹纷纷投入人马车辆的混流中，硝烟弥漫，人仰马翻，血肉横飞，房屋倒塌，瓦砾遍地。炸毁的车辆、粮食，以及牛驴骡马的尸体，狼藉满地……很多时候，日军飞机会从早晨 7 时轮番轰炸到下午，甚至夜晚。

这样的惨状，也使得王成修在新中国成立后，不敢听到天空有飞机经过。哪怕只是正常的客机在空中经过，只要听到发动机的声音，王成修就会心有余悸，也会再次回想起日本占领中国时期的惨景。

经历无数劫难，死里逃生、好不容易见面的母女俩抱头痛哭，互诉衷肠。

王成修曾为传统大户家的千金大小姐，她受到过私塾教育的熏陶，身上有着很多优秀的传统美德与美好品质。丈夫早早去世，家

里只有两个女儿，她依靠自己的忍耐和坚强，凭着智慧和善良，维持着这个家庭的延续发展。她没有儿子，很希望女儿陪在身边，结婚生子，过上那种儿孙绕膝的温暖大家庭生活。

大女儿胡淑兰去世后，王成修倍感孤独。但得知胡佩兰想到开封上新学堂、受新教育的心思后，她强舍儿女情长，积极地支持女儿求学成才。战争来袭，她孤身一人与哥哥家一起逃难，把思念女儿心意深埋心底，从不流露自己的牵挂之念以免影响女儿的学业。

胡佩兰在开封女子中学、河南大学医学院求学期间，母亲王成修总是报喜不报忧。抗日战争爆发，汝南县城多次沦陷，她颠沛流离、四处躲藏、一路逃难，即使这样，从未将实情告诉女儿。完全是一个母亲牵挂思念远在外地求学女儿的希望和动力，才使她坚强地活下去。对于胡佩兰来说，亲情又何尝不是支撑她的力量？父亲早逝，姐姐难产去世，都促使她瞬间长大，并在生活和学业上使她在体验人情冷暖的过程中更加刚毅坚强。

抗日战争时期那段难得的求学时光，家庭、亲情给了胡佩兰勤奋求学、热爱生活、不断追求进步的强大动力。抗日战争胜利后，胡佩兰回到故乡，回到母亲身边，并一直陪伴母亲生活。

王成修不愧为大家闺秀，这位清末出生的老人给家人立有严格的家训。"不能碰赌博，不能好吃懒做。"胡佩兰严守家训，自己的四个儿子与五个孙女、孙子，个个有着勤奋好学、笃实诚信、与人为善的良好品质，没有一个人沾惹赌博和好吃懒做的恶习。

王成修老人一直跟着二女儿照料家务，看护孩子，直至1966年因病去世，享年84岁。

书香门第　丹青高手

少年胡佩兰因家境殷实、长相清秀，早在汝南老家没上大学时，就有很多人主动上门提亲，其中不乏达官贵人。当时，汝南县的县长就曾极力想与胡家联姻。但是，个性要强、怀揣梦想，坚持新思潮、新思想的胡佩兰不愿做"金丝鸟"，她要自由恋爱，找到自己喜欢的人。

后来，她还真找到了知心爱人——李公恕。

李公恕祖籍安阳内黄县，两人各居黄河南北，若不是天意姻缘，为何会千里相遇，并产生感情？

或许天底下真的有命运的玄机，但两人的爱情更有其现实的必然，更是李公恕的博学多才、善良忠厚、儒雅勤奋等特质吸引了胡佩兰。

1916年3月29日，李公恕出生于河南省内黄县北沟村一个耕读世家，他的祖父是个秀才，博览群书、精通古文。李氏家境虽然贫寒，但家风优良，文化厚重。在书香门第的氛围熏陶下，李公恕聪颖好学，从小就呈现出不同一般的文才天赋。在李公恕的成长道路上，对他影响最大的是他的三叔李汝骅。

李汝骅出生时，他的爷爷为孙子赐名叫汝骅。汝骅父亲曾请教出典，李汝骅的爷爷说："传说中周穆王有八匹名马，骅骝、赤骥、盗骊、渠黄和绿耳，皆以其毛色为名，骅骝色赤。唐太宗李世民也有八匹骏马，这八匹骏马中也有一匹叫骅骝的。唐杜工部（杜甫）更有诗曰'骅骝开道路，雕鹗离风尘'。这孩子一落地哭声响亮，声如骏马嘶鸣，日后定是个人才。"

李汝骅从小进私塾读书，他的聪明好学引起一个糊"纸扎"的艺人邱凌的注意，主动收其为徒。在邱凌的启蒙下，小汝骅对绘画产生了浓厚的兴趣。

山东、河南一带有旧俗，人去世之后，要扎糊一些纸房子、牛、马、元宝之类的冥器，在入土埋葬时或者祭奠日焚烧，以为这些"财物"可供逝去的亲人到阴间享用，实为生者向故去的亲人寄托哀思。

纸扎有各种造型，也有许多讲究。不仅要扎绑结实，还要生动形象，为了渲染气氛，有些"纸扎"上面还画有花鱼虫草等图画，工艺精湛，十分逼真。

小汝骅见到老师的这些杰作，十分喜欢，心甘情愿地跟着邱凌做助手。

看到李汝骅天资聪慧，邱凌十分得意，也悉心教导小汝骅画画。那些古代将士、灶爷财神爷，等等，小汝骅都画得栩栩如生。

小学读书时，小汝骅成绩却让人啼笑皆非，年终考试得了两个第一：图画第一，算术倒数第一。老秀才出身的校长认为倒腾画画是浮躁，给他的评语是"学习逊人，浮躁过人"。

小学毕业后，李汝骅在曾任省众议院议员叔叔的资助下，考入中原第一学府——开封师范。

从穷乡僻壤的农村到金碧辉煌的开封府，省城开封古城典雅庄严，随处可见古典精美的雕刻艺术、富丽堂皇的壁画等，都给他带来了艺术的冲击，他也在这种氛围的熏陶下实现了人生之旅的重大跨越。

在开封师范，有一名北京师范大学毕业的美术教师，教李汝骅学习素描与水彩知识。这位美术老师知识渊博，技艺精湛，他帮助李汝骅叩开了艺术殿堂的大门。师范毕业那年，"北京国立艺专"来河南招生，李汝骅脱颖而出，以第二名的成绩迈进了中国艺术的圣殿。那时"北京国立艺专"校长是章士钊，他请来了全国一大批著名学者执教、开讲座。国画大师陈半丁、王梦白、于非，诗人闻一多，还有京剧泰斗王瑶卿等，都曾给李汝骅授课。

　　在"北京国立艺专"，对李汝骅影响最大的是当时任教的捷克水彩画家齐提尔教授。第一次世界大战，捷克遭受战争蹂躏，齐提尔教授的家也一度被毁。他孤身逃出，曾被纳粹抓获。本来，纳粹是要枪毙他的。关键时刻，他自荐会画水彩画像，为那位德国军官画了幅肖像，才免于一死。后来，齐提尔流浪到中国北京，为东交民巷外国使馆的夫人画像，价码是一百大洋一幅。由于李汝骅的英语功底好，齐提尔上课时，便由他充任翻译，所以他俩过从甚密。齐提尔见李汝骅醉心于水彩画，便倾心培养他。

　　后来，李汝骅的水彩画作深受齐提尔的影响。当年爷爷给他起了个好名字，期望他像骏马一样一日千里。他深知，骏马奔腾固可称颂，但人生之路更应深明"千里之行始于足下"的道理。何况，足下没有过硬功夫，千里岂不成空谈？在"北京国立艺专"毕业前，李汝骅正式更名"剑晨"。激励自己"闻鸡起舞，晓晨习剑"。他没有辜负爷爷的期望，后来成为一位享有国际声誉的艺术家、美术教育家，被海内外誉为"中国水彩画的开山大师""中国水彩画之父"。

　　就在李公恕10多岁时，李氏家族遭受了一场大灾难。当时，因瘟疫爆发，李家多人染病去世，最后家里的男孩只留下李公恕一人。自然，一大家族在对李公恕寄予厚望的同时，宠爱有加。

河大医学院读书（前排右 5 为李公恕）

1926 年，李公恕的三叔李汝骅从北京国立艺专毕业，前往开封河南省立第一师范任教，他也便随三叔从内黄老家到省城开封接受新式教育。

李汝骅的深厚学养对李公恕影响很大，也使李公恕刚刚进入文化启蒙阶段便有了高起点。在叔叔身边，亲聆教诲，耳濡目染，加上聪明伶俐，李公恕刚入学堂，就显出与常人不一般的才华。在三叔的支持下，李公恕早早进入开封的新式学堂学习文化，并以优异的成绩考入开封高中。1936 年考入河南大学医学院。

南迁路上　互定终身

　　书香门第的家族文化熏陶，还有李汝骅影响，使李公恕不仅积累了深厚的中西文化知识，在绘画艺术方面也有了很高的造诣。在开封期间，李公恕的才华引人注目，他的文人的气质和才情也深深地吸引着胡佩兰。

　　胡佩兰考入开封女子中学，李公恕正在开封高中念书。1937年9月，胡佩兰以优异成绩考入河南大学医学院。而此时的李公恕已先一年进入医学院。

　　胡佩兰考入河南大学医学院后，只在开封本部上了一个学期，

前排左 1 为李公恕

就跟随河南大学一起走上了流亡游学路。

大学时期的胡佩兰身材高挑，面庞清秀，一身合体的旗袍更显得气质出众。更为重要的是，胡佩兰勤奋好学，学习成绩优异。

虽然不属同一年级，李公恕和胡佩兰也并不熟悉，但胡佩兰的美貌和才华还是吸引了很多男同学的关注。在河南大学师生一路向豫西逃亡的路上，李公恕和胡佩兰几乎天天相遇，看似一次次偶然的相互帮助，却总能碰出心灵的火花，斯文帅气的李公恕逐渐被胡佩兰留意到。

原来，两人在学习上有着同样的特点，都属于比较用功、喜欢安静的勤奋苦读书类型。他们很少参加各种热闹的文娱表演、话剧团体等，多数时间都在图书馆看书。在嵩县县城的"首三图书馆"，俩人总是最早来到固定的座位，又是最后离开的学生。久而久之，两人开始相互关注。

李公恕除了学习刻苦，成绩出色外，他在艺术方面的天赋，也慢慢显露出来。当时，学生社团业余活动丰富多彩，各种活动频繁，学术园地繁荣，学校也经常出版一些宣传板报，需要抄字配图、版面设计，这些"技术含量高"的"细活儿"，非李公恕莫属。他也当仁不让，每次都是"主力队员"。

由于当时条件限制，医学院的解剖学需要挂图。这时候，李公恕在绘画方面的特长也派上了用场。李公恕画出来的骨肌韧带解剖图非常形象，他不用任何工具比画，就可以快速画出跟德文教科书上相媲美的解剖图，令老师和同学们称奇。

当时，学校缺少教科书，比如上海同济大学编写的《德文入门》等，全校只有两三本；一些精美的挂图，虽然总数有五六百幅，但个别专业的只有两三幅，远远不能满足老师和同学们的需求。所以，大家纷纷想办法写讲义、画挂图，然后再用石印的印刷方法，印成讲义和挂图，充做教材和教学用具。写得一手好字，画得一手好画的李公恕，这时自然担起了这份重任。

胡佩兰比李公恕低一届，她万万没有想到，上课时老师用的那些手绘的、栩栩如生的挂图，竟出自这个与她一起在"首三图书馆"勤奋学习的英俊少年之手。

李公恕的才华深深吸引着胡佩兰。在战火纷飞的"游学"岁月，两个志趣相投、相互倾慕的有志青年相互关注，两颗年轻的心越靠越近。

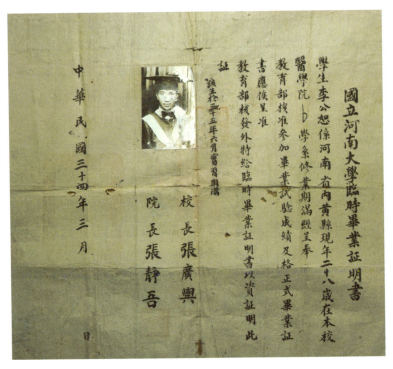

李公恕河南大学毕业证

执子之手　　与子偕老

1945 年 8 月 15 日，日本天皇裕仁广播《停战诏书》，宣布接受《波茨坦公告》所规定的各项条件，无条件投降。中国经过艰苦卓绝的 8 年抗战，终于取得胜利。

"战争结束了，生活安定下来了，该成家了！"看着年近三十的胡佩兰，母亲王成修担忧起女儿的婚事来。

其实，当时的大学并不反对学生上学期间结婚，也确有一些学生在大学期间陆续步入婚姻殿堂。

　　胡佩兰与李公恕在抗日游学时期相互帮扶、相互倾慕，生发爱情，但始终没有谈婚论嫁。倔强的胡佩兰认为，没有民族的独立、国家的胜利，小家将难以立足。她坚持"不胜利，不结婚；不胜利，不生孩子"。

　　1945年10月10日，29岁的胡佩兰与李公恕走入婚姻殿堂。

　　思想新潮的胡佩兰与李公恕的婚礼选择在教堂举行。除了与西方新式婚礼仪式接轨，胡佩兰更看重的是教堂婚礼传达的"专一性，只能一夫一妻制，彼此忠诚；不可拆散性，选择了彼此就要一生相伴，无论遇到什么困难，都要牵手一起克服、一起走下去；要尊重生命，上天赏赐的子女不能随便抛弃"这些现代化的婚姻观。

　　为了符合"西洋婚礼"的风格，胡佩兰找同学借来纯白的婚纱，并定制了只属于两人的定情信物——两枚刻字的金戒指，一枚刻上李公恕的名字戴到自己手上，另一枚刻有自己名字让丈夫佩戴。

　　结婚典礼上，伴随着神圣的《婚礼进行曲》，胡佩兰走在鲜红的地毯上，在所有人的目光注视与祝福下，使结婚成为一生的盟约。他们抱定了"誓死不渝、终生相爱"的信念，开始了携手向前的人生之旅。

　　除了婚礼仪式，宴请宾客的喜宴也颇费心思。

　　原来，胡佩兰有一位同学的父亲曾是慈禧太后的御厨。1900年8月，八国联军攻陷北京，西太后慈禧带着光绪和王公大臣仓惶逃到西安。途中，她一时兴至，带着光绪和众大臣到古城汴梁（现开封）一游，顺便到相国寺降香礼佛。当时，这个同学的父亲作为钦点的御厨，曾做过专供鸡宴。在胡佩兰与李公恕的婚礼上，这位御厨大显身手，那些传说中的"御菜"，让客人大开眼界、大饱口福，也给两人的婚礼增添了不少色彩。

看到女儿步入婚姻的殿堂，母亲王成修十分高兴。

对于女儿自由恋爱选来的姑爷，王成修自然满意。想当初，胡家也算得上家大业大，只因丈夫早逝，撇下一双女儿，她尝尽了人间辛酸。这时大女儿已经不幸离世，就剩这么一个闺女。她有一个心愿，老胡家的血脉不能断在她这辈。所以，她给女婿和闺女提了一个要求，就是两人婚后生育的第一个男孩，一定要姓"胡"。她要为胡家留下一条根。

胡佩兰深知母亲的这个心愿。实际上，早在她准备嫁入李家之前，胡佩兰和李公恕就已商定，若出生的第一个孩子是男孩儿，则必须姓胡；若是女孩儿，可以姓李。

1946年7月，胡佩兰的大儿子出生。

外孙的降生使王成修异常高兴，这位官宦世家千金大小姐出身、经历清朝与民国无数风霜雨雪的老人，心气儿极高。她激动地说："我们是天字第一号，就取名天一吧，孩子以后一定能出人头地。"

有趣的是，胡天一小时候，在写自己的名字时，经常将"天"字少写一画。久而久之，老师和同学都以为他叫胡大一。后来，他干脆就叫了"胡大一"这个名字。

虽然小时候将自己的名字写错了，但在以后人生道路的不断追求过程中，胡大一并未辜负外婆的期望。1965年高考，胡大一以"河南第一名"的成绩考入北京医学院（现北京大学医学部）。后来，胡大一成为我国著名的心血管病专家，也是享受政府津贴的国家有突出贡献专家，还是国家重点学科心血管内科负责人。

胡佩兰与丈夫李公恕一生共养育了四个儿子，按照王成修老太太的心愿与定下的规矩，这弟兄四人，老大和老三姓胡，老二和老四姓李。

更有趣的是，李宁一娶媳妇的时候，又遇到了类似的问题。他的媳妇是独生女，他的岳父母就要求，有了外孙或外孙女，必须随母姓。所以李宁一姓李，他的儿子姓王。

鹣鲽情深　矢志医学

胡佩兰与李公恕结婚后，两人情投意合，恩爱有加，令人羡慕。

在李公恕面前，胡佩兰被宠爱得像一个公主。回到家里，所有的事情，像做饭、照顾孩子等家务，李公恕都一手包揽，连胡佩兰的生活起居，琐碎小事，诸如外出着装打扮，居家洗脚剪指甲，等等，李公恕都照料得无微不至，并且从结婚到退休，坚持做了一辈子。

胡佩兰几乎不会做家务，并且也没时间与心思做家务。她的爱好就是工作与学习，生活里也只有工作与学习。

四儿子李如一回忆，从自己记事儿起，每次放学回家他都会大声吆喝，诸如"老爸，饭做好了吗""老爸，我们学校布置了什么什么作业，给我辅导一下""老爸，我的衣服挂破了，要缝一下"之类，在孩子们的印象里，妈妈胡佩兰是学习迷、工作狂，不管是医院还是家里，看书学习、研究病理就是她的全部生活，而老爸则是实实在在的"全职奶爸"。

在胡佩兰的家里，有两个装衣服的柜子。柜子里面有许多格子，李公恕总是将妻子的衣服洗净晾干后叠得整整齐齐，分类、规整地放不同的格里。为了方便胡佩兰着装时搭配得当，李公恕还特意在

胡佩兰和魏俊明

每一层贴上小纸条，标明摆放了什么衣物。柜子里的包裹内，也无一例外地写有小纸条，并按春、夏、秋、冬不同季节，将衣物分门别类，摆放整齐。胡佩兰每次外出，随意打开一个包裹，总会看到一张衣物清单。清单上详细记录了衣裤、外套的件数、风格等信息，小纸条的标注，不仅方便胡佩兰每天可以快速找好衣服，节省时间，也使她能一如既往地保持利索、整洁的美丽形象。

人们只知道年轻时的胡佩兰伶俐漂亮，气质清秀，穿着时髦，却不甚清楚他的丈夫李公恕不仅在外面事业干得异常优秀，居家大小事务"全拿"，还是全身心"包装"妻子形象的"好手"。

在汝南县城，胡佩兰有一个要好的朋友魏俊明，两人情同姐妹。1946年，胡佩兰生育胡大一时，与丈夫一起回到汝南老家小住过一段，并在家乡医院从事相关工作。

已至耄耋之年的魏华琨是魏俊明的侄子。回忆起胡佩兰年轻时的特点，他记忆深刻："当时穿旗袍已经很时髦了，但佩兰孃（娘，姑姑的意思）穿一件米色的短款风衣，比穿旗袍还要时髦几分。"

据魏华琨回忆，佩兰孃每个月都会到家里找俊明孃玩，她们一起做好吃的饭菜、聊天拉家常。

当时，奶粉、炼乳还属于很稀罕的营养品，只有医院里有少量配送。魏俊明有一个1岁半的弟弟，营养不良。热心的胡佩兰了解到这一情况后，特意回医院拿出平时省下的两张专用票，凭票领出4盒炼乳，给这个1岁半的弟弟补给营养。

"那时我才10多岁，对佩兰孃的记忆也很少。后来他们去武汉，就很少再有印象。"魏华琨回忆，1975年，河南驻马店发大水的时候，他才再次与佩兰孃见面。

当时，胡佩兰与李公恕已调到郑州。"他们家当时住的是平房，房子很旧，但佩兰孃很乐观，笑声很爽朗。"魏华琨回忆，他和俊明孃到郑州去看佩兰孃，迎接他们的时候，佩兰孃在前面大声打着招呼，李公恕在后面站着微笑。

在家里，李公恕很会照顾胡佩兰，每个菜都以胡佩兰的口味为标准，他总是亲自采购，掌勺下厨。李公恕不仅是胡佩兰生活上的好伴侣，还是其工作上的得力助手。

他多才多艺，画得一手好画，写得一手好字，并在眼科与解剖学专业方面都有特长。胡佩兰遇到涉及眼科或解剖学方面的病例，李公恕都会提出很好的建议。后来，胡佩兰翻译俄文《妇产科学》，自己总结经验出书等，每次整理书稿，都是李公恕用工整的小楷，一笔一画地帮胡佩兰整理、抄录、誊写。

胡佩兰与李公恕结婚后没多久，全面内战爆发，看似平静的生活又被打乱了。1947年9月到12月的4个月内，刘邓大军千里跃进大别山，同国民党进行了 3 个大回合的斗争，共歼敌 3 万余人，先后建立了鄂豫、皖西、桐柏、江汉 4 个新解放区，并于 12 月首次解放了汝南县城。

刘邓大军解放汝南的时候，李公恕、胡佩兰夫妇积极参加救治伤员工作，受到好评。解放军对李、胡夫妇特别器重，极力邀请他们参军。只因当时孩子刚刚牙牙学语，还要照看体弱多病的母亲王成修，他俩未能随大军南下，这也成了胡佩兰一生中最大的遗憾。

第六章

兰姿纤柔创一流

总理接见沐春风

武昌解放　　百废待兴

在河南工作期间，胡佩兰曾经先后去内乡、许昌、潢川等地行医义诊。1948年，解放战争的炮声已将蒋家王朝的大厦震得摇摇欲坠。从不关心政治的胡佩兰，听说很多河南大学医学院毕业的同学都去了武昌、汉口等地，便与丈夫商量，决定也前往武昌工作。

全家迁徙武昌时，胡佩兰俨然一个"女汉子"。一路上，她坚毅果敢、亲力亲为。为了能够安全转移家产，胡佩兰让丈夫李公恕带着年迈的母亲、幼小的孩子先去武昌。自己则女扮男装，雇用六辆马车，将家里的紫檀木红木家具、名贵瓷器字画、粮食等先运送到驻马店。然后，她再换乘火车，匆匆赶到武昌。

今天的武昌中华路异常热闹繁华。当年，胡佩兰一家便在此居住。尽管初来乍到，但两位高材生并不发愁找工作。很快，李公恕被聘为湖北省立农学院（现华中农业大学）副教授，还兼任学校医院的医生。胡佩兰则在武昌开设妇科诊所，继续她酷爱的职业。凭着精湛超群的治疗技术和对病人体贴入微的关怀，在很短的时间里，胡佩兰的妇科诊所便在当地赢得赞誉。

1949年5月14日早上，三儿子胡心一降生。见到第三个儿子，李公恕激动、兴奋。他安顿好妻子，准备出门买一些生活用品。刚推开大门，他就看到提前进城的解放军在街上休息。

新中国成立前，武汉三镇在行政上并未统一。1948 年底，武汉形势严峻，1949 年 5 月 15 日下午 1 时许，国民党华中军政长官公署司令长官白崇禧乘"追云号"飞机逃离武汉。16 日下午 2 时，第四野战军 118 师先头营进入汉口市区战略要地布防。下午 6 时许，118 师主力浩浩荡荡地开进汉口市区，汉口正式宣告解放。

李公恕青年照

胡佩兰虽然在家休息，但丈夫李公恕在湖北省立农学院上班，很多时事信息能够及时获得。

当时，地下党已经提前跟湖北省立农学院接上关系。学生们做的第一件事就是与国民党御用的"青年军"争夺"学生自治会"。

湖北省立农学院的学生、老师团结一致，阅读进步书籍、讨论时事、出版墙报、唱歌跳舞等。"解放区的天是明朗的天，解放区的人民好喜欢，民主政府爱人民"是当时最受欢迎的进步歌曲。还有一些进步读物，比如赵树理的《李有才板话》《李家庄变迁》，毛泽东的《新民主主义论》《将革命进行到底》，以及《群众》月刊等，如春风一般吹遍农学院，温暖着人心。

知道马上解放了，大家都很高兴。精神振奋之余，感觉就像回到了在河南大学医学院上学期间"一二·九"运动那段激情燃烧的岁月。不同的是，这次马上要迎来劳苦大众的解放，大家对中国的未来充满希望，信心百倍。

当时的湖北省立农学院与邻近的武汉纺织专科学校、武汉海事学校（现在的武汉理工大学）组成一个联防区，互为支援。整个武昌俨然成了解放区，热气腾腾、民心振奋。

5月16日晚，注定是一个不眠之夜。大家很早就关上门，很多店铺也早早打烊。胡佩兰推开窗户，看到整个街头，几乎家家户户都点着灯火，明亮如昼。

17日上午9点钟，从汉口开过来几条轮船，渡过来第一批解放军战士。有人高呼："解放了，终于解放了，我等到这一天了！"

武昌解放的消息迅速传播，形成热烈气氛，就像长江上的轻雾，无处不在，飘向每个人的心头。打开门窗，只见人山人海、锣鼓喧天。"热烈欢迎解放军同志！""天亮了！""解放区的天是明朗的天！""打倒蒋介石！"诸如此类庆祝解放的标语就像彩旗一般，鲜艳夺目。人们用特有的方式表达各自的喜悦、期盼和幸福！

大街上，华中大学、湖北省立农学院、中华大学等师生聚集一起开始游行。大家兴高采烈，高唱《解放区的天是明朗的天》等革命歌曲。纱厂工人也组成队伍，女的穿白围裙，男的着工作服。工人们迈着喜庆的步子，扭着秧歌，尽显喜悦神态。商民自卫队的队伍也来了，他们除了棍棒外，竟然还背着百十支步枪，威风凛凛。艺专、省一女中、省一男中等中学生也从正街上过来会合，他们的队伍里还有人化了妆，扮演解放军押着垮了台的蒋介石，增添了游行的乐趣。

姥姥和外孙（中为王成修）

胡佩兰感觉就像新生一样，特别想为人民、为国家做些什么。她第一时间到军管会，积极要求救治伤病员，参加革命工作。

老母抚幼　齐心建院

胡佩兰到军管会提出申请时，母亲王成修已近 70 岁。三个儿子中最大的也才两岁多，老三胡心一刚出生几天，家里迫切需要有人照顾。军管会领导了解到这一实际情况，便建议她先照顾好家庭。

为了实现为新中国出力的愿望，胡佩兰夫妇抱定决心，要为新中国的医学事业奉献青春。她让母亲和张慧英一起照看三个儿子，料理家务。这样，胡佩兰和丈夫可以全身心投入工作。

1949 年 6 月，李公恕与胡佩兰获得军管会的同意，一起进入铁路系统工作。当时的情况下，铁路系统的工作极为繁重——收留了很多解放军伤员，急需增加医疗救援力量。两人受命筹建武昌铁路医院，直接归属衡阳铁路局管辖。

武昌铁路医院前身是 1922 年建立的粤汉铁路湘鄂段诊病所，

童年胡大一三兄弟

位于武昌北大门的"洋园"（现名叫杨园）。这是一幢红砖蓝瓦外观、有些"洋味儿"的房子，门头气派、装饰考究，内部设施现代化。当时，这里就是武昌铁路医院的门诊部兼药房。

杨园就在武昌桥头下，这里绿树掩映、一片葱茏、舒适幽静。当年，在"洋园"，李公恕任武昌铁路医院院长，胡佩兰任妇产科主任，他们一起为该院的筹建与运转奉献了6年的心血。

武昌铁路医院刚刚开始筹建的时候，医务人员仅有5人。解放初期，人民解放军很多紧急伤员，铁路系统的患者，都会先送到这里就诊治疗，救死扶伤的任务十分艰巨。

面对如此情形，胡佩兰与李公恕一边紧锣密鼓地筹备医院的药物、器械等各种设备，一边大刀阔斧地整改制定各项管理制度。夫妇二人以医院为家。尽管三儿子胡心一刚出生不久，胡佩兰身体还很虚弱，但是她根本顾不上在家里休养，眼里心里都装着患者，争分夺秒地与时间赛跑，夜以继日地抢救伤员。从那时开始，对他们而言，熬夜加班不过是家常便饭，"连轴转"抢救伤员更是常态。胡佩兰夫妇俩忙碌的身影就如同那春天里的穿花蛱蝶。

虽然艰苦劳累，但是，只要付出心血和汗水，总能浇灌出丰硕的果实。在两人及全体职工共同努力下，武昌铁路医院迅速成长，为新中国医学事业做出了杰出贡献。胡佩兰这株倔强的兰花，也在新中国的春风里茁壮成长，灿然绽放。她曾获得新中国成立后第一届全国铁路系统劳动模范荣誉称号，并登上天安门城楼，参加国庆观礼，受到周恩来总理、朱德总司令，以及邓颖超、蔡畅、康克清等领导人的接见。

兰姿纤柔　争创一流

在那段既紧张艰难又幸福欢乐的岁月，病人最多的一次、最难忘的一次，是武昌铁路医院一下子拥进了200多名伤员。

当时，担任衡阳铁路局局长的郭维城将军也为这所医院悬着一颗心、捏了一把汗。然而，作为医院的骨干，胡佩兰没有抱怨一句，甚至连眉头都没皱一下。她迅速组织医护人员，第一时间全身心地投入抢救伤员的工作中去。

在"国立河南大学"医学院读书期间，因为细分专业学科，医学方面的妇科、内科、外科知识，胡佩兰都有涉及。随后的临床经历，虽然她侧重于妇产科，但由于大量接诊的病人时常夹杂各种病情，所以其他病科她并不生疏。

当时接诊的病人多是战创伤，伤员多为骨折、体内留有子弹等情况，很多都需要立即进行外科手术。本来，外科手术就是妇产科大夫的拿手好戏，胡佩兰果敢冷静、反应准确迅疾，拿起手术刀，她一样自信笃定、手到病除。

李公恕也没有一点院长的架子，不仅全面指挥抢救工作，还亲自上手，加入抢救伤员的队伍。他很擅长眼科疾病诊治，很多眼睛受伤的患者得到了及时准确的治疗。

这200多名伤员，很多都是手、胳膊、大腿受伤，伤口感染化脓者更多。其中有一名伤员，腿骨被炮弹炸得粉碎，一条腿肿胀得跟腰部一样粗，如不及时动手术，不仅可能截肢，而且极有可能危及性命。胡佩兰与同事一起，果断地为他做了截肢手术。手术极其成功，伤员脱离了生命危险。手术过程较好地处理了血管与神经组织，减少了伤员肌肉摩擦连带的痛苦。手术完成后，胡佩兰发觉自己的心脏仍在剧烈地跳动，她感觉自己就像刚刚完成了一场马拉松长跑。

与死神的较量仍在继续着，顾不上休息，胡佩兰立即投入下一场手术。

一名中弹伤员因失血过多，脸色煞白，几乎没一丝血色。胡佩兰和同事为他做完检查，发现有一颗子弹头还留在髋关节处，并且伤口已经感染。胡佩兰当机立断，迅速开始手术。她先是干净利索地对伤口进行清洗、消毒、包扎。随后，又双腿跪在地上，为伤员进行腰椎麻醉。因为当时伤员过多，手术室已经没有地方可以安置手术台，只能找到一处较为平坦的地面及时开展手术。两个多小时的手术终于过去，子弹也成功取了出来。看着胡佩兰因手术劳顿而疲倦的面孔，回想她全心投入手术的跪姿，伤员们紧紧拉着她的手感激得热泪盈眶。

在伤员康复过程中，胡佩兰每天亲自为每一个患者问诊换药。她仔细观察，发现一些重伤员经过治疗，虽然伤口很快长出新的肉芽，但依然出现感染，她一时还难以找出病因。胡佩兰紧锁眉头，

铁道部学习班和苏联专家一起（2排右6为胡佩兰）

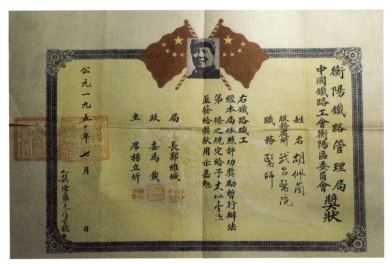

郭维城签发的嘉奖证书

寝食不安。她深入思考、查找资料,仔细查对比较每一个病例。终于,经过诊断发现,对于枪伤造成的伤口,应该用纱布第一时间保护,再根据伤情科学上药。如果随便多次上药,反而不利于伤口恢复。

胡佩兰凭着丰富扎实的医疗救护知识、果断干脆的决断能力和科学认真的态度,不计辛劳,精心救治与护理,硬是在200多名伤员与5名医务人员这样一个医患比例惊人悬殊情况下,完成了这个几乎不可能完成的任务。

胡佩兰公而忘私、全身心的付出,不仅感动了伤员、感动了同事,也感动了时任衡阳铁路局局长郭维城将军。在救治伤员期间,郭维城曾多次到医院。看到这名看似弱小的女子竟然活力四射,身上爆发出难以想象的强大力量,得知她不顾自己年幼的儿子和虚弱的身体,不分白昼黑夜地拼命工作,这位久经沙场的将军高兴地夸赞她"干活从不惜力气"!

哈尔滨学习（后排左 2 为胡佩兰）

兰花性纤柔，幽谷溢清香。霜重质益坚，吐蕊蕙四方。青年胡佩兰，乐于奉献，忘我工作，向善求真，心系病患，这些良医大爱精神，已早早在她身上打上深深的烙印！

感受荣誉　　铭记教诲

1951 年 9 月 25 日，新中国成立后第一届全国劳动模范代表大会在北京召开。会上，35 岁的胡佩兰作为铁路系统唯一的全国劳动模范，应邀参加会议。

多少年后，胡佩兰回忆起这一项荣誉，脸上仍然流露出无比的自豪与满足。大家给予她的认可，令她倍感欣慰幸福。她回忆道："会议期间，在中南海怀仁堂，朱德委员长、周恩来总理亲切接见了大家。"

在隆重的国庆盛典上，劳动模范们应邀站在天安门城楼的观礼

铁道系统劳模照（前排左 1 为胡佩兰）

台上。她怀着无比兴奋的心情，见到
了伟大的领袖毛泽东主席，聆听了他
老人家的声音。

　　会议期间，在北京东交民巷国际
俱乐部，还举办了专门招待劳模的鸡
尾酒会。周恩来、邓颖超、康克清、
中华全国总工会主席李颉伯、团中央
书记冯文彬等，都参加了这次鸡尾酒
会。酒会上，周恩来总理频频举杯，
语重心长地教诲大家"不骄不躁，努
力学习，为人民服务"。鸡尾酒会结
束后，总理还和大家共同跳起了集体
舞。

　　周恩来总理温文儒雅，舞姿潇洒，
舞步轻柔稳健。虽然与会代表们有好
多并不会跳舞，但在欢乐的氛围中，
随着舞曲的节奏一起给总理打拍子，
共度了这段异常珍贵的幸福时刻。

　　几十年后，胡佩兰回忆起那段美
好时光，仍会感到挥之不去的甜美味
道。她仍旧能够形象地描述出总理那
谦逊儒雅的举止、潇洒稳健的风度，
清楚地记得他那温和有力的教诲。对
于胡佩兰来说，那段珍贵的经历，宛

铁路劳模纪念册

铁路劳模奖章

如灿烂煦暖的阳光洒落在心间，铭刻在记忆深处，甚至随着血液一起在血管里跳跃奔腾，成为催人奋进的号角，影响她一生。

虽然受到了国家的表彰，得到了荣誉，受到党和国家领导人的亲切接见，但胡佩兰并没有放松对自己的严格要求。回到工作岗位，她更加勤奋努力地工作和学习，就像周总理教诲的那样，不骄不躁、努力学习、为人民服务。在以后的工作中，她也从来没有丝毫的骄傲自满、故步自封，而是不断进取，努力再立新功。

"不骄不躁，努力学习，为人民服务"，这么简简单单的一句话，既是总理语重心长的教诲，也是胡佩兰与自己的约定，更是她对自己和社会的承诺。这种约定和承诺，成为她此后工作中最为持久的鞭策与最难以忘怀的激励！

第七章

任凭风浪献真情
仁心仁术能回春

事业萦怀　　惜时排难

经过近 6 年的筹备和建设，武昌铁路医院逐步进入正轨。原本以为自己将在武汉安家的胡佩兰，因为工作调动，又义无反顾地开始了新的征程。

1953 年，衡阳铁路局取消，被分拆为广州铁路局、武汉铁路局、柳州铁路局。1955 年，胡佩兰与又大李公恕一起听从组织调动，从武昌铁路医院调到郑州铁路局工作。在郑州铁路局，李公恕任铁路局医疗卫生科科长，胡佩兰到郑州铁路中心医院（现郑州大学第五附属医院）工作，担任妇产科主任。从此，胡佩兰在这里兢兢业业，坚守了 30 年，直至 70 岁，才从岗位上退休。

在计划经济时代，全国铁路系统是一个大的内部系统，即使分局之间，一般人员的相互交往并不频繁。胡佩兰在武昌铁路医院工作期间的辉煌业绩，甚至包括她获得"全国劳动模范"称号的消息，郑州铁路中心医院的同事们也只是听说而已，并不了解详细情况。当他们与胡佩兰成为同事后，才真正见识到她干活是"如何不惜力气"，也才见识到她对病人那种废寝忘食、公而忘私的关怀与付出。

"一心为事业，就是事业。"娄月辰与胡佩兰搭班工作了 30 年，谈到胡佩兰的特点，她简单明了、一语中的。1956 年 3 月，25 岁的娄月辰从沈阳铁路局调到郑州，擅长妇产科助产的她被安排在郑

全家福

州铁路中心医院妇产科工作，那时胡佩兰正是妇产科主任。

　　新中国刚刚建立，国力贫弱，百业待兴，万事举步维艰。最初，医院设在操场街的病房，由一排排旧平房粉刷整修而成。房子破旧不堪，外面的土路，稍一下雨，到处都是泥路。走在上面，胶鞋会沾满泥水，裤腿还会甩上泥巴点子。1956 年，医院新建了三幢两层高的楼房，才有了新的病房楼，一墙之隔的旧平房也有了新的用途，成了医院家属院。为了便于工作，胡佩兰一家就安置在这里。在这个平房家属院，胡佩兰和家人一住就是四十几年。

　　在同事的印象里，胡佩兰几乎没有一点空闲的时间。只要见到她，不是在工作，就是在读书学习，要么就是在查阅资料。回到家里，她也是任何家务一概不管，每次都是要丈夫李公恕将饭做好端到面前，吃完饭，放下碗筷，接着埋首书堆。

　　由于家里地方狭小，书籍便与各种生活用品为伍，随意散放在桌上、床上、椅凳上，甚至地上。在外人眼里，这种格局似乎凌乱无序，甚至难以接受，有的同事打趣说：“每次到胡主任家里，都

查房

要跳着走。"而胡佩兰却习惯了这种情况，无论多么难找的资料，她都能快速准确地找到，神奇到看似习惯。最初，讲究整洁的李公恕实在看不下去，曾帮助整理，结果胡佩兰反而无法找到自己的东西，引得她发火。后来，李公恕也就顺其自然。

书籍赢得了家里每个人的尊重与喜爱。对知识的渴求与热爱之情，也在朝夕相伴中潜入每个人的心里。

胡佩兰的家里有一张行军床，床边挂着一盏灯，这就是胡佩兰的"书房"。每天晚上，为了不影响家人休息，她都会在这盏灯的陪伴下，在这个独有的角落聚精会神、热切专注地读书和学习，直到夜深人静。

当时，胡佩兰家的房子是两大间外加两个小间，总面积不到44平方米。后来因为"文化大革命"挨批斗，其中一间被组织上收走。这样，长期固定使用的只是3间。对于这个大家庭来说，就显得拥挤而局促。1956年6月20日，胡佩兰四儿子李如一出生。四个孩子，两个大人，再加上70多岁的老母亲王成修，一家大大小小已有七口人，所居住的仍是这三间小屋。生完孩子后，胡佩兰没有时间在家照顾孩子，稍微休息一段时间就开始工作。为了照顾四个孩

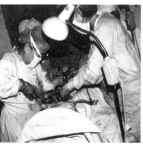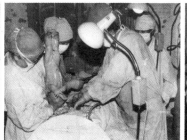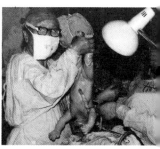

手术

子，家里也一直雇着保姆。孩子有时也会由李公恕的二姐来照顾。这样前后算起来，最多的时候，这三间小屋要住九个人。

　　虽然上班的地方与家仅有一墙之隔，但胡佩兰从不舍得耽搁一丁点儿时间。每到四儿子该吃奶的时候，老母亲王成修或保姆会将孩子抱到办公室。喂完奶后，胡佩兰即刻让母亲或保姆把孩子抱回，她再接着进行手头的工作。

　　除了上班、学习，胡佩兰没有给自己留下一点空余的时间。上班那么多年，除了重病卧床，胡佩兰没有因为一件私事请过假。一年365天，她天天"备班"，没日没夜，并且一坚持就是数十年。医院里只要有危重症抢救、难产、大手术，胡佩兰总是不分昼夜、随叫随到、冲在第一线，任劳任怨。每次遇到大手术，往往需要几个甚至十几个小时，她也总能咬紧牙关，坚持到底。

　　大儿子胡大一曾经回忆，自打记事起，家里就很少能见到母亲的影子，她不是去医院就是去图书馆。孩子们如想见到母亲，需要凌晨5时早早起床，但这时也只能见到母亲正在学习的身影。早早懂事的孩子们不愿打搅妈妈，只在一旁含泪注视一会儿。

　　有时为了跟母亲多相处一会儿，孩子们放学后会到医院去找妈妈，但很多时候也只是在妈妈的办公室写作业。因为，胡佩兰常常在病房忙得不可开交，根本无暇顾及在办公室等待自己的孩子！

患者如亲　　羹汤暖心

早在中学的时代，胡佩兰就深受"七君子"之一的史良影响，一直坚守"不为良相、便为良医"的人生信念。所以，她选择了一个在她看来有着博爱精神的职业——医生。

"既然选择做了，就要将之作为信仰，一辈子踏踏实实去坚守。"胡佩兰常常这样对家人和同事说。不熟悉胡佩兰的人，会觉得她不苟言笑，性格耿直。由于工作繁忙，她很少跟人家闲话家常。但真正了解后，人们才发现她对医生这份职业的挚爱。她对患者嘘寒问暖，像家人一样自然而然地拉家常；她总是无微不至地关心病人，那种亲情，让人如沐春风。

她心里想的全是病人，来到她这儿的病人都是她的"上帝"，也都能得到她那种从心底生发的关怀。

在胡佩兰家里有一条不成文的规矩：只要她管床的产妇和手术后的患者，如果家里有困难，她就会负责给送饭。她不仅自己抽空给患者送饭，还常常安排丈夫李公恕、母亲王成修甚至四个年幼的儿子，全家齐上阵，交替轮换着给患者熬粥送汤。有时送鸡汤，有时送稀饭，有时送鸡蛋羹。事虽平常，情却动人。物虽微小，心却博大淳厚。胡佩兰的科室成了患者心中无比信赖的科室，患者在这里感受到了家的温馨！

新密市白寨镇周家寨村的陈永珠就是其中一位曾经被胡家细

心照顾的患者。俗语说，"一场秋雨一场寒，十场秋雨穿上棉"。1967年的那个秋天，让陈永珠一辈子难忘。当时，年仅21岁的陈永珠要做流产手术。虽然她也是一名乡村村医，对医疗知识有一定了解，但是年纪轻轻的她还是难免心生恐惧。

当时，51岁的胡佩兰是郑州铁路中心医院的妇产科主任，经她手接生、治疗的孕产妇不计其数。陈永珠听人介绍"胡大夫技术很好，对病人也好"，打听到胡佩兰所在的医院，便连夜坐车赶到郑州。

当时已是晚秋，裹了一件棉袄的陈永珠还是觉得浑身发冷。做完手术后，休息一会儿，她就准备回家。可让她没有想到的是，这时她被胡佩兰叫住了。

当时外边阴云密布，凉风飕飕，随时都有可能下雨。"你身体这么虚弱，还不能走。"胡佩兰说话的语调虽然有些严厉，但陈永珠听后，却全身温暖。接下来，令陈永珠更意外的是，胡佩兰执意带她回家休息。面对陈永珠的到来，李公恕与四个孩子没有一点意外。李公恕赶紧生火煮荷包蛋和面汤，孩子们则自觉地跑出去玩，有意给陈永珠留下安静的休息空间。

陈永珠异常感动。她以前从未见过胡主任，也没有任何亲友关系。她只是听说胡大夫对患者好，没想到对自己像亲人一样。

得知年纪轻轻的陈永珠也是一名医疗工作者，胡佩兰非常高兴。在陈永珠临走时，她还不忘嘱咐其多加学习，遇到难题随时可来医院找她咨询。

自此，陈永珠拜胡佩兰为老师，跟着胡佩兰学会了很多妇产科知识，也帮很多重症患者第一时间找到了靠谱的好医生。

郑州铁路中心医院同事合影（2排右5为胡佩兰）

郑州铁路中心医院妇产科同事合影（3排左5为胡佩兰）

有一次，周家寨村的一位患者丁晓佳，怀孕3个月流产了，但月经一直断断续续。苦于找不到原因，她就找到了陈永珠。可是，陈永珠也诊查不出原因，两人一合计，便坐车赶往郑州向胡佩兰求助。到达医院，已是第二天凌晨1点多了。陈永珠知道，忙碌了一天的胡佩兰好不容易有点儿歇息的时间，应该已经回家休息了。

是去敲门叫醒老师，还是找机会再来？陈永珠举棋不定，犹豫了很久。最后，两人还是轻轻敲门，心想如果没有回应，就等第二天再来。

没料想，第一声敲门声还未落下，屋里的灯已经亮起来。"有病人吧？"胡佩兰大声问着，披着衣服手脚麻利地打开大门，看到陈永珠站在门口，就知道她一定又是遇到了棘手的病人。

"去医院。"胡佩兰边说边穿衣服，顾不上将屋里的灯熄灭带上门就和她俩去往医院。到医院后，胡佩兰详细询问了丁晓佳病情，迅速做出诊断治疗方案，当即开方拿药，并细细地嘱咐其如何吃药，多少天再来复查。

类似这样深夜起床给患者看病的突发事件，几乎每周都会发生。并且，这样多次出现的突发"惯性"事件，在胡佩兰四个儿子的作文里有着相同的版本。

作文课上，当老师布置到"我的妈妈"时，胡佩兰四个儿子的作文开头惊人地相似："深夜，一连串急促的叫声，'胡大夫，胡大夫……'这是隔着墙头的叫声。母亲一听到叫声便走了。我们知道，又有病人需要抢救。母亲一走又是一个晚上……"

这个有趣而雷同的作文开头，直到四个儿子长大后在聊天时才于无意中"真相大白"。

奋战一线　执着学习

很多人多次问过胡佩兰："你为什么对工作有这么大的热情？"她每次都用具有时代感的语言回答："为人民服务啊！"

胡佩兰的回答是真实的，也是发自肺腑的，并且代表了千千万万普通公民当时的心声！

新中国的成立，标志着中国内忧外患、四分五裂的历史终结。中国人民从此站立起来，成为国家和社会的主人。在巨大胜利的鼓舞下，全国人民热情高涨，积极响应党和政府的号召，服从国家安排，积极投身到祖国的建设中，党的领导地位日益巩固。同时，这又是一个催人奋进的年代、一个令人热血沸腾的年代、一个让每个人大显身手的年代。每个人都满怀希望和信心，从心底迸发巨大热情，积极投身伟大的社会主义建设大潮，立志为社会主义大厦增砖添瓦。

大家对社会主义充满信心，积极参与到医治战争创伤、恢复生产等一线工作，并努力成为各条战线上的生力军。

胡佩兰退休之后，回忆起这一段时光时，立刻就来了精神，神采奕奕地跟大家分享："那个时候，知识分子和工人一样，每天早上先去修路，再去上班。白天黑夜地工作，没人说加班费。"当时的胡佩兰，每天凌晨 5 点起床，挤时间看书学习，抢着去修路、拔草后，再赶到医院开展本职工作。

1985 年的《中原铁道报》曾报道过胡佩兰奋战十多个小时抢救危重病人的事迹。报道中说，胡佩兰所在的妇产科，有 180 多张病床，工作量之大，全国罕见。这篇报道还给胡佩兰起了一个绰号——"拼命三郎"。

"拼命三郎"的称号不仅仅体现在工作上，也体现在学习上，为了更好地工作，胡佩兰在学习上也一直有着拼劲儿。

参加工作后，作为新中国的第一批医生，她不仅有热情和拼劲，更有自己的理论。她一直说："医生是一个需要终身学习的职业，专业知识要与时俱进，才能胜任医生的责任。"

20世纪50年代初，胡佩兰争取到一个到天津医学院进修的名额。

当时，她已是三个年幼孩子的母亲，很多同事都替她捏把汗。大家都觉得孩子这么小，能走开吗？这时，又是她的丈夫李公恕勇敢地站出来支持她。胡佩兰将家务与照料孩子的重任留给丈夫，赶去天津，系统学习了医学知识和技能，为她以后在妇产科方面的建树奠定了扎实的基础。

新中国成立后，中国实行了向苏联"一边倒"的外交政策。胡佩兰适时跟进，又将俄文学习列上了日程。大学期间，胡佩兰学过英文与德文。当时，已年近四十的胡佩兰，拿出她敢于啃硬骨头的精神，从零开始，刻苦自学俄文。

她每天都坚持到夜校上课，接受培训。为了巩固专业，她购买了大量的俄文原版妇产科专业著作，每天早晨坚持大声朗诵俄文。即使前一天晚上做手术到凌晨，回家休息几个小时后，她依然会坚持学习。

1956年，社会主义改造基本完成，中国社会主义制度初步建立。为了适应经济建设的需要，毛泽东在党的八届三中全会上，第一次提出了"又红又专"的干部标准。

夜校学习　　　　　　　　　　　　　　　　　　　　教学

作为知识分子代表，在拟订"红专"学习计划时，胡佩兰决定翻译一套三卷本大部头俄文著作《妇产科学》。

二儿子李宁一回忆："每天晚上起床上厕所时，都会看到母亲在行军床的小灯下熬夜学习。有一次，妈妈遇到俄语中一个叫作"桃金娘科植物"的词组，是用它的叶子来形容一种妇科肿瘤的形态。妈妈搞不清楚。正巧我的班主任是生物老师，妈妈向我老师请教，顺利译出了有关章节。十几个月下来，桌上的书稿堆积有两尺多高。虽然，由于历史大环境的原因（中苏论战等），这本书未能出版，但妈妈孜孜不倦学习的身影至今还印在我的脑海中，栩栩如生！"

胡佩兰不仅严格要求自己学习，也常想办法带动全科学习，以此来提高科室整体医疗技术水平。

有一段时间，妊娠高血压症（当时叫妊娠中毒症）威胁着广大妇女的生命安全。胡佩兰从《中华妇产科学杂志》上看到，上海的医院用硫酸镁等药物抢救妊高症病人，效果十分明显。于是，她组织全科人员，分批轮流到上海有关医院观摩学习。后来，郑州铁路

认真学习　　　学术报告　　　　　　　学术研讨

中心医院对妊高症的治愈率在全省乃至全国都名列前茅。

胡佩兰时时刻刻都在学习、进步，对她来说，学习像呼吸一样自然而重要。在60多岁的时候，她仍然从零开始学习日语，并且还考了100分的最好成绩。

20个世纪70年代末，年逾60岁的胡佩兰得知铁路系统在黑龙江省牡丹江市有一个日语学习班，她积极要求去学习。60多岁开始学日语，在很多人看来，这根本是一件不能完成的任务，单位起初也没批准。胡佩兰执意要学，最后竟找到时任中共郑州铁路局党委第一书记的郭维城，再三申请。

对于胡佩兰，郭维城并不陌生。胡佩兰在武昌铁路医院工作时，郭维城就给过她"干活从不惜力气"的中肯评价。但令他没想到的是，已经60多岁的胡佩兰压根儿不服老，反而比很多年轻人还要拼。最后，他经不住胡佩兰的软磨硬泡，只得特批，使胡佩兰获得了去牡丹江学习日语的机会。结业考试，胡佩兰竟考了100分，这让大家十分震惊和佩服！

那位日语老师震撼、感佩、叹服胡佩兰的身上要强、好学、坚

郑铁医专同事合影（前排右 3 为李公恕）

九三学社会员合影（前排右 4 为胡佩兰）

韧等美好品质，每年有机会到郑州，都不忘去看望这个"零基础"学生。他说："60多岁还能考满分得第一名，真不易！"

著书立说　　所学悉传

除了工作、学习，胡佩兰还竭尽所能，现身说法，将科普知识播撒到百姓的心田。

1960年左右，正是国内"三年困难"时期。当时曾发生一位外国女性在火车上早产的事件。那时对外交流较少，各级领导对此突发事件高度重视，胡佩兰奉命亲自上车紧急处置。

凭着过硬的临床本领，胡佩兰圆满完成任务，回单位后，对于大家给予的称赞，胡佩兰一笑置之。她把心思用在问题的研究上。

原来，在她的临床实践中，中国妇女宫颈口都是横着开的，而这位欧洲妇女的宫颈口却是竖直开的。她不知道解剖学上对这种现象是否有提示。

这时，丈夫李公恕正在郑州铁路卫校任教，教的正是人体解剖课。她顾不得倾听同事们的夸赞，匆匆赶到家，却迫不及待地跟丈夫探讨学术问题。

胡佩兰时刻关注着最新的妇科知识，并将科学知识及时地普及给自己的患者。过去的妇女，受封建的陈规陋习束缚，月子里不敢吃西瓜等水果，喝水放红糖不放白糖。胡佩兰就现身说法宣传科普。她说："我生了四个孩子，都在夏天，天天吃西瓜，不是也没落下什么病吗？红糖白糖的分子式大体一样，可白糖更干净。"胡佩兰用自己的努力，一点点普及着知识，一点点影响着大家。

胡佩兰所撰著作

为了让妇产科知识普及范围更广，她还选择以出书的方式，毫无保留地将自己掌握的知识与经验传授给大家。在她从事临床工作的几十年中，先后出版了《围保与妇保》《生殖系统疾病自我诊断与治疗》《遗传与优生》《农村妇女保健》等专著。

在1983年出版的《遗传与优生》前言中，胡佩兰用简短的几句话说出了她的心声："优生学是以人类遗传学与医学遗传学为基础，研究如何改善人类遗传素质的自然科学。由于过去我们不提倡优生，致使我国的人口质量还不够高，遗传性疾病仍然在传宗接代中携带下去。严重的遗传病给家庭和社会带来了巨大的损失。特别当前提倡一对夫妇只生一个孩子，凡做父母的都希望自己能有一个健康、聪明、漂亮的孩子，这不仅关系着家庭的美满幸福，也关系着民族的繁荣昌盛和国家的兴旺发达。为宣传普及优生知识，提高中华民族的优良素质，特编写《遗传与优生》，供基层医疗卫生人员和计划生育工作者阅读参考。"

医院砥柱　　受辱敬业

勤奋好学、要强能干的胡佩兰受到了大家的一致认可与支持。她曾这样总结自己："一辈子，无论到哪家医院，我从来没干过副职；在家里，也都是我说了算。"虽然一生要强，但在"文化大革命"期间，胡佩兰也难免受到严重冲击，还一度压抑，差点吃安眠药自杀。

1966 年，正当国民经济调整基本完成，国家开始执行第三个五年计划的时候，一场长达十年、给党和人民造成巨大灾难的"文化大革命"爆发了。

首先遭受厄运的是李公恕，他被打成"漏网右派"，流放外地接受改造。胡佩兰也难逃劫难，虽在郑州，也要接受批斗与改造。每天，她都要去扫厕所、被批斗。甚至被戴上大尖帽、脖子上挂着鞋子游行。家里的字画、书籍、名贵物品等也都作为"罪证"被"没收"展示，最后被烧掉。

虽然不断接受改造、遭到批斗，遇到大手术、危重患者，无论什么时候，胡佩兰还要去做手术。手术成功了没问题，一旦出现丝毫闪失，就要面临"阶级报复"和批斗。胡佩兰不顾人身伤害和精神折磨，从未放弃过任何一位需要她的患者。只要病人需要手术，她都会毫不犹豫地站出来，义无反顾地走进手术室，心无旁骛地完成手术。

"那段历史不忍回想，太惨了。"胡佩兰老同事娄月辰每次提及当年的遭遇都直摇头。当时医院有好几名老专家都被斗死了，其中很多还是曾经留德、留日的教授。

曾经事业辉煌、心性一直高昂的胡佩兰，这时内心深处的落差可想而知。当年人人尊敬的妇产科主任、患者的天使、丈夫的掌上明珠，如今却要接受劳动改造，每天戴着大帽子游行、受批斗，忍受屈辱。性格倔强、心志高傲的她实在难以接受这种现实，她甚至用吞服安眠药自杀的方式，来表达对这个世界的绝望和抗争——幸亏被同事发现，及时抢救过来。

那段特殊的历史时期，是患者的信任和对妇产科学的痴爱让她坚定了活下去的勇气和信心。虽然遭受无休止的批斗，胡佩兰仍然坚持长途跋涉，在千里铁路线上巡回医疗。她积极为沿线铁路女职工普查乳腺癌和宫颈癌，及时发现许多早期癌症患者，安排她们第一时间到郑州进行手术治疗。有些患者在郑州生活不方便，她就让自己的孩子给患者送饭，给以悉心照顾。灵敏睿智的洞察力、坚持不懈的精神，使她在人生低谷时期迸发科学灵感，在妇产科多医学方面获得突破性进展。

她曾背着药箱到明港、确山、长台关一带铁路沿线，一边"改造"，一边巡回医疗。在巡回医疗过程中，胡佩兰发现有的村子生育率很低，但又一时找不到症结。经过反复调查、对比分析，胡佩兰发现这些村子的居民都习惯吃棉籽油。她大胆推论，棉籽里一定含有某种避孕药成分（若干年后，国内外的科研成果证实：棉籽中含有一种棉酚成分，具有杀精作用），建议马上展开科研，但却遭到呵斥，说她不老实改造，"耍花招"。

那场政治运动给胡佩兰造成极深的心灵伤害。直到晚年，她一直避讳自己出身"大户人家"的身份。她兢兢业业、默默付出的事迹引起社会关注，全国很多媒体采访她时，她却很不适应，不明白自己就是坚持踏踏实实给患者看病，做了自己的本职工作，竟然会引起这么多人关注。好多次，一大堆媒体记者拿着摄像机、照相机来采访她时，她都要私下不解地问学生"又搞啥运动"。

妙手回春　　百姓铭记

即便是在那段黑白不分、是非颠倒的时代，也会有正义的力量涌动。虽备受屈辱，胡佩兰坚信自己的所做所为无愧于心。特别是朴实善良的百姓的那种感恩，就像人生旅途黑暗中的火把、沙漠中的绿洲，给胡佩兰带来莫大的温暖与精神支撑。

有一次，胡佩兰在一个社区卫生中心出诊，遇到一个 20 岁出头的年轻患者。这名患者为宫外孕。胡佩兰从患者快速恶化的贫血体征，明确判断出她腹腔内还在继续大量出血。当时，医院手术条件很差，又缺少得力助手，院领导不愿也不敢承担责任，力主病人转院。胡佩兰综合各种因素，力主对患者接诊治疗。她认为，病人已经生命垂危，如果转诊，错过最佳抢救时机，必死无疑；救死扶伤是医生的天职，所以只能背水一战！院领导熟悉胡佩兰的拗劲，也只能顺其自然。胡佩兰主动请缨，担任主刀。她小心地打开患者腹腔，熟练地找到出血部位，让紧张得满头大汗的院长帮助止血。因诊断准确，抢救及时，这名年轻患者转危为安。

1968 年初春，中国人民解放军北京部队某部卫生科所属的一个医疗队，积极响应毛主席"把医疗卫生工作的重点放到农村去"的伟大号召，到农村进行巡诊。在巡诊活动中，他们发现了张秋菊。当时——张秋菊已经属于"等死"阶段。医疗队把张秋菊接到部队，于 1968 年 3 月 23 日从她体内取出了一个重达 90 斤的大瘤子。这个卫生科被中央军委命名为"全心全意为人民服务先进卫生科"，张秋菊的例子也作为典型在全国宣传。

其实，早在 10 年前的 1957 年，胡佩兰带领科室的医务人员，

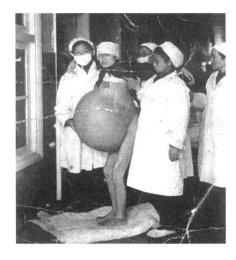

巨大肿瘤手术（右为胡佩兰）

已经做过类似的手术。当时，就诊的那名患者腹部隆起，瘦小的身躯扛着一个大肚子，看上去比十月怀胎还要夸张。患者自述，身上的肿瘤已经生长 10 多年。刚开始肚子疼过一阵，后来慢慢不疼了。但是，过了一段时间，肚子越来越大。日子久了，她那瘦小的身躯几乎带不动这个瘤子，连走路都要家人搀扶。

胡佩兰诊断后，决定手术切除肿瘤。那天，手术进行了将近 10 个小时，切除的肿瘤直径有 80 多厘米，重有六七十斤。

"文革"那段时间，胡佩兰精神与肉体都受尽折磨，很多人为了不受牵连，见了她犹如老鼠见猫，唯恐避之不及，很少有人对她有任何亲近关心的举动。

突然有一天，一名中年妇女悄悄地找到胡佩兰。一见面，这名妇女倒地便跪。这让胡佩兰莫名其妙，万分惊异。

后来详细询问，才知道这名中年妇女就是当年长巨型肿瘤的那位患者。

　　她谢过恩人，还拿出带来的一张照片，告诉胡佩兰这是她可爱的儿子，嘴里还不停地念叨着感激的话语。她告诉胡佩兰，自从那年手术后，她不仅很快完全康复，还生了一个大胖小子。她激动地说："胡大夫，不管别人给你扣什么帽子，俺不介意，也无顾忌。咱老百姓心里自有一杆秤啊，你就是俺的救命恩人！大恩人，俺给你报喜来了！"

　　此情此景，令胡佩兰热血沸腾。回想数十年从医的经历，像这样真情实意专程来见自己，表达感谢之意的患者难计其数。而恰恰在她最痛苦的时候，这些毫无修饰的谢意、这些朴实无华的语言，让她温暖如春，难以忘怀。她更加坚信，乌云蔽日，终有和风拨开云雾；只要恪尽职守，心系患者，一定能够以自己的善举换来民心，实现人生价值。

基层普查　　防癌筑藩

　　很长一段时间，郑州铁路局是全国的大局，管辖着南面的武汉铁路分局、西面的西安铁路分局，北至安阳、东至商丘。胡佩兰在郑州铁路中心医院工作的 30 年间，几乎跑遍了所有沿线，接生了6 万多名新生婴儿，救治了无数个难产的女职工，解决了无数妇产科疑难危重急症，完成了无数个重大妇科手术。不仅如此，胡佩兰还在宫颈癌等妇科疾病方面深入研究，做过多方面的病源普查，并在有关临床治疗和学科领域有所突破，许多工作具有划时代意义。

　　1955 年，胡佩兰和范绍玉医生先后从武汉调往郑州，二人分别任郑州铁路中心医院和河南省人民医院妇产科主任。她们志趣相投、情同姐妹，工作上多有合作。

她们首先在全省开展的一项重要工作，就是普查普治宫颈癌。

当时的医疗技术与设备等各方面还都比较落后，全国尚无一家专业的肿瘤医院。人们对肿瘤的认识也不甚了了，称其为"不治之症"，往往谈癌色变。

为了在宫颈癌治疗方面有所突破，胡佩兰四处打听最先进的医疗技术。

当时，北京协和医院的林巧稚、宋鸿钊大夫在放疗化疗宫颈癌方面颇有建树。胡佩兰和范绍玉多次到北京登门求教取经，并相继在各自所属医院开始收治宫颈癌病人。

随着新中国的和平发展，人口数量急剧上升，人口基数庞大。铁路沿线职工家属大多居住在农村，那里的医疗卫生条件还比较差，科普知识的宣传尤其重要。针对这种情况，胡佩兰编写了宫颈癌普查普治手册，大力宣传普及防癌治癌知识。她还和自己的团队以郑州为中心，对广大铁路沿线女职工家属展开了拉网式宫颈癌涂片检查。这项浩瀚系统工程的完成，为沿线所有铁路女职工构筑了一道宫颈癌安全防线。在以后的临床实践中，很多人的疾病被及早发现并得到有效救治。直到胡佩兰退休，还不断有当年的患者念念不忘，纷纷赶来郑州，特意去看望一下曾给她们普查治病的胡佩兰主任。

"文革"结束后，胡佩兰又在郑州铁路中心医院妇产科主任的工作岗位上了干了11年。在这期间，她先后带领妇产科团队开展了很多突破性的技术改进。例如，用中药治疗宫外孕，开展扩容解痉疗法治疗妊娠中毒症等。

铁路巡诊（上图中为胡佩兰，下图前为胡佩兰）

　　妙手仁医，善心济世。胡佩兰用一份对事业的执着和对患者发自心底的大爱，勤奋钻研，练就高超医术，为百姓筑起了一道热爱生活、关爱生命的藩篱！

第八章

平凡岗位有『铁律』
清风徐来暖人心

上班"铁律" 风雪难阻

1986年，70岁的胡佩兰从郑州铁路中心医院妇产科主任的岗位上退休。言谈中，她不愿意提"退休"两字，更喜欢称自己被人"接班"。

很多人认为，胡佩兰工作了一辈子、辛劳了一辈子，退休了，该好好回家享享清福，休息一下了。家人也都希望她回家享受一下儿孙绕膝的悠闲，劝她歇歇。但是，一辈子忙碌的她却不愿意闲着。她总是执拗地说："人活着，总得对人有点儿用处。""对人没一点儿用处多没意思啊！"

正是在"有用"思想的激励下，她先后创办了郑州最早的民营医院之一"胡佩兰妇产专科医院"和"郑州豫辉医护学校"，还开设了免费"爱心门诊"等。在她的信念里，医生应当胸怀大仁大德，就应该给患者免费看病，或者让患者仅花少量的钱就能治好病。她是这么认为的，也身体力行，为这个信念而努力。

胡佩兰近乎乌托邦式的理想，在现实中做起来是困难的。她开爱心门诊的一年时间里，提倡免费给居民治病，蜂拥而至的患者从外地赶来，经常让她忙得不可开交。后来，由于租赁的房子拆迁，爱心门诊只好作罢。在开办专科医院与学校期间，她提倡零利润，不赚患者的钱，少收学费。这样无私的仁爱之心，令投资的企业家

老年胡佩兰（中）坚持社区坐诊

们望而却步。

医院不停地拆拆建建，名字也一再改换，后来，因为各种原因没能坚持下来。闲不住的胡佩兰决定到基层医疗机构坐诊，每周一到周六上午，准时到岗，风雨无阻，一干就是二十多年，直到生命的尽头。

在胡佩兰看来，"上班"对她来说是一件光荣甚至带有神圣仪式感的大事。在退休后的28年时间里，她要求自己必须每天早晨8点半准时出现在医院里，出现在她的患者面前。这是谁也不能破坏的"铁律"。

眼看她的岁数越来越大，再加上长期坐诊，落下腰椎间盘突出症。胡佩兰腰上戴着钢板，即便是坐着轮椅，她也要每天准时上班。儿子们担心老太太的身体，多次劝说老妈别去上班了，但再怎么劝，也不能阻碍她的轮椅向医院行进。

2009年的一个冬天，一场大雪不期而至。当时，厚厚的积雪足有40多厘米深，机动车辆几乎无法在路上通行。胡佩兰居住的家属院距离门诊有两公里远，老人若想照常坐诊，需要坐着轮椅去。

"奶奶，今天不坐诊了吧，大雪封门。"学生唐利平劝老人说。

"咱不能叫病人白等。"老人左右就这一句话。

拗不过老人，两个学生和一个保姆，一个人在她背后推，两个人拉着车轱辘，三个人在雪地里艰难地移动着轮椅。等走上了快车道，看到一辆辆汽车从她们身边经过，很多汽车轮胎上都绑着防滑链。

一位不知情的司机看到老太太的情况，摇摇头说："这子女真不孝顺，这么冷的天，不叫老人在家里暖和，还要在大街上走。"

殊不知老太太这么拼，是怕她的患者"白等"。

胡佩兰经常说，自己做的是"小事情"。她认为，"病人大老远跑来了，找不见人，心里肯定不舒服。这儿收钱不多，来看病的都是一般老百姓，我只是给病人解决点小问题。"

考虑到老人行动不便，胡佩兰坐诊的郑州市建中街社区服务中心每天会派医院的面包车接送。岁月终究是不饶人的，要搭上这辆去医院的车，对于这位90多岁的老人来说，并非易事。每一次，学生和司机都想搀扶着帮她，但要强的胡佩兰，只要自己能动，根本不会麻烦别人的。

每次，她都要缓慢地从轮椅上起身，一只手抓住汽车座椅后背，另一只手摁住挡风玻璃下的扶手。这是一双老得像枯枝的手，青筋凸起，上面还布满褐色的斑点。她拒绝身边人的搀扶，谁如果伸出手来，她还会不客气地一巴掌打开。她要依靠自己的力量，即便是用尽全身的力气，也要登上齐小腿高的汽车台面。然后弓着背，身子向前倾，才终于挪到了座位上。

任凭寒风凛冽、冰雪封路，谁也无法阻挡胡佩兰准时出现在病人面前的脚步。尽管已是耄耋之龄，自立自理仍是胡佩兰内心深处高贵的坚守。

耄耋之年　精细诊疗

如今，因为医疗资源分布不均，社会上医患矛盾频发。尤其令人挠心的是，在医院里排队两小时，看病时间却只有两分钟——满怀希望到医院，却悻悻而归，总有一种被"打发"的感觉。

这种遭遇引起很多患者的愤慨。

但胡佩兰的患者，没有一个人有"被打发"的感觉。因为，每次看病，胡佩兰都事无巨细，仔细诊断，亲自检查。她可以少喝水、少去厕所，但对患者，绝不能少问一句话，少交代一句该注意的事项。

24岁的打工妹青青患有不孕症，看了多家医院找不出病根儿。最后，她在北京一家民营医院花几万元做了双侧输卵管疏通术，术后一年依然未孕。打听到郑州有一位90多岁的老妇产科专家依然在坐诊，青青坐火车赶到郑州。

第一次就诊，就令青青终生难忘。她回忆道："胡大夫事无巨细，问了我在北京检查治疗的全过程、爱人的健康状况、同学朋友是否患有结核病等，一连问了30多个问题。"胡佩兰一边询问，一边

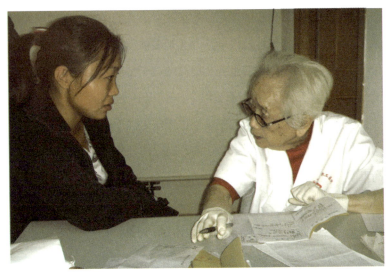

坐诊中（右为胡佩兰中）

仔细看完了十几页的检查单和手术记录，还亲自为青青做妇科检查。

当青青走进一门之隔的检查室时，本想搀扶一下这位老大夫，却被一边的学生提前制止了。学生告诉青青，"胡主任不喜欢别人扶"。

青青后来说，那一幕她终生难忘。只见胡主任双手用力地摁着桌子，慢慢站起来，将身子扭成45度。但是，她的腿卡在椅子和墙壁的缝隙之间，停留好几秒，才拔出来。她扶着椅背，向距她一步之遥的检查室走去。准确地说，她双脚是在地面上蹭着，就像要用最大的力度去寻找摩擦力，才能维持身体的平衡。检查完，她扶着内室的门框移出来。等候在门口的保姆和学生赶紧上前，她轻轻摆摆手，移到桌前，双掌扶着桌面，缓缓坐下，开始一笔一画地写处方。类似这样的动作，90多岁的胡佩兰一上午要重复二三十次。

候诊的病人对老人敬意十足。她们用很小的声音议论着，某某在这里治疗之后，已经成功怀上了孩子。同时，看到胡大夫这么大年纪还在坚持坐诊，大家都很关心她的身体。她总是说："没有问题，活一天干一天，要活到老干到老，不能脱离社会。只要能动就要为大家服务。"

坐诊时，不管多晚，胡佩兰都要看完最后一位病人才回家吃饭。胡佩兰有一个门诊登记簿，随手翻开，上面清晰记录着每天就诊的病人。

"2012 年 4 月 13 日，36 人；4 月 16 日，36 人；4 月 20 日，32 人；4 月 23 日，34 人……"

学生唐利平说，胡主任每天接诊的病人都在 30 人左右。老人坐诊时问得很详细。因此，中午 1 时常常是胡佩兰的正常下班时间。病人如果超过 30 人，她的下班时间还要往后推。

胡佩兰的学生宋雪霞记得，有一次，胡佩兰从早上 8 时一直坐诊到下午 4 时，老人在下午 5 时许才吃上午饭。有时遇上病人多，胡佩兰一上午要说上千句话。不管多累，胡佩兰都绝不允许自己在看病时有一点含糊。

拒收礼金　　廉洁暖心

幸运而且幸福的是，经过不到一年的治疗，青青怀孕了。她与丈夫千里迢迢来郑州，带了几千元的贵重礼品，专程感谢胡佩兰。没想到，他们却吃了一个"闭门羹"。"胡主任就是不收礼。"没办法，青青又从老家带了两袋土特产。拗不过青青再三登门、情真意切，胡佩兰最后收下特产了。青青回家后才发现，她的提包里多

胡佩兰坐诊中

出了 500 元现金——这是胡主任让保姆悄悄搁进去的。

　　类似这样的事情，胡佩兰行医 70 多年的时间里，发生过无数次，每次都被她用强迫或回礼的方式来解决。

　　二儿子李宁一也曾回忆道："我可以很自豪地告诉大家，作为一名医生，妈妈一辈子没收过病人的红包。不仅是母亲，父亲也是如此。记得妈妈曾经告诉我一件事。父亲在担任医院行政领导职务之前是个很不错的眼科医生。一次，他让一位失明的病人重见天日。该患者出院后扛着两袋小麦来到我家，一进门就跪地磕头。妈妈连忙搀扶起那位病人，不但没收那两袋小麦，临走又送给他好多生活用品。"

　　"医生就是治病救人的，哪能收病人钱财？"胡佩兰不仅这样严格要求自己，也这样严格要求家人。对于学医的大儿子胡大一与孙女李昕（老二李宁一女儿），老人家经常嘱咐的一句话是：不能收黑心钱。

　　钱，一分都不要。可有的病人千里迢迢拿来一些农副产品等，如何处理呢？这也成了胡佩兰经常遇到的难题。

当年，38岁的刘素娥在胡佩兰诊治下顺利生了孩子。为表达感激之情，刘素娥的丈夫从东北老家扛来几袋东北当地产的大米和几只柴鸡。到胡佩兰家后，胡佩兰推心置腹地劝解道："大夫给病人看好病，这是理所应当的。你们生活条件还不如我，快拿回去补补身子吧！"

看到有些家属实在为难，确实推辞不掉的，胡佩兰就一定要加倍还礼。

大儿子胡大一回忆："老妈经常说，做医生要担得起责任，对得起病人的信任。贪慕虚荣，见利忘义，就对不起医生这个职业。有时看到电视上报道医生收受红包、卖药提成时，她总是咂舌叹息，气愤地说：'这样的人堕了医生的名节。'"

幽兰居山谷，蕙质伴烟霞。不惹春光，不图繁华。含苞吐蕊，适时绽放。清风过处，阵阵兰香伴着绵绵细雨，从它的源头一直香到远方。胡佩兰以其良好的医德，为医生做出了表率。

便宜有效　　患者远来

胡佩兰刚到社区服务中心工作时，因为退休前是三甲医院的科室主任，著名的妇产科专家，社区医院想给她提高诊费。胡佩兰坚决不同意，一直坚持只收两元钱的诊费。

她常说："选医生这个职业你不能想着发财，想发财去经商。"胡佩兰开药常以"有效、便宜"为原则。她认为，用药"一是看疗效，二是要便宜"。为了给病人节省费用，她尽量不开进口药，更不过度用药和治疗。在胡佩兰看来，如果医生为经济利益开贵药，尤其是开那些疗效不确切的药，不仅对不住患者，更对不起医生自己的良心。

胡佩兰的大儿子胡大一是我国著名的心血管病专家。最让胡佩兰欣慰的一点就是，胡大一在行医过程中，一直反对过度医疗，极力反对动辄给心脏病患者做"搭桥手术"，过度放支架。每次母子见面，这方面都会成为俩人共同探讨的话题。

胡佩兰说话很直，有时候对于"不听话"的患者，她非常着急。碰到那些不怕花钱的患者，她会吵人家"没这毛病，为啥还要检查"？

有一次，面对一位心急的病人，老太太拿出医生的威严，力劝患者不要拿冤枉钱"乱检查"。

她的不少"病号"都是一家几代人，或者同一个村子里的村民。这成为医院里一道独特温馨的风景线。

"胡大夫看病细心，认真，花很少的钱就能治好病。"家住郑州市航海路的赵女士，从2007年开始就找胡佩兰看病，而赵女士的婆婆更是在几年前就找胡佩兰看过病。打那以后，她们记住并认准了这位热心认真、技术精湛的胡大夫，只要身体不舒服，一定先去找她。

赵女士说，1977年，胡大夫还在郑州铁路中心医院上班时，她婆婆的子宫肌瘤就是经胡大夫治好的。在医院住院时，因为家里人手不够，有时顾不得去医院照顾。胡大夫听说后，二话没说，专门给赵女士的婆婆送饭，俨如家人一般。

"胡大夫对我们的好，我一辈子难忘。"2007年，赵女士在郑州一家医院行剖官产后，一直有疼痛和出血的症状。她到医院诊

胡佩兰坚持坐诊社区

郑州市卫生局领导节日期间慰问胡佩兰

治，医生检查后，说是子宫收缩无力，给她打了消炎针和缩宫针。但是，连续治疗好长时间，花了几千元钱都没看好。在婆婆的建议下，她找到了胡佩兰。

"胡奶奶看病不嫌麻烦。我说有出血，她检查时没有见到，就让我啥时候出血啥时候来。一连检查了三四回，她见着出血了，才确诊是胎膜没清理干净。"赵女士现在说起这件往事，仍然激动不已。

确诊后，赵女士做了清宫手术，花了几百元钱就把血止住了。从那以后，赵女士治妇科病只认胡佩兰。她还把胡佩兰推荐给她的朋友，朋友又推荐给朋友。结果，赵女士每次来看病都能看见熟面孔。

郑州市大岗刘乡密洞村闫女士也有同感。多年前，闫女士经熟人介绍找到胡佩兰，因此捡回一条命。"那时我的炎症总治不好，去了多少家医院都没用。来到胡大夫这儿，她让我全面检查一下，结果就查出了宫颈癌。"由于发现得早，闫女士在河南省肿瘤医院做了宫颈癌切除手术，术后恢复得很好。从此，她每隔两年都要到胡佩兰那里检查一次。闫女士每次去也都能碰见熟人，有一次和自己的侄女不期而遇。

已经80高龄的患者张秀一家三代都是胡大夫的追随者。还在20多岁的时候，张秀曾找胡佩兰看过病。她当时患有子宫肌瘤，一直担心影响怀孕。找胡佩兰看过后，她顺利怀孕生了孩子。后来，她的女儿，还有女儿的儿媳妇，一家三代都是胡佩兰的"粉丝"。

胡佩兰的患者来自四面八方，新疆的、浙江的、广东的、北京的……良好的口碑就像盛开的幽兰，香远益清，吸引着远道而来的慕名者。这些患者大都不远千里、风尘仆仆从外地赶到郑州，又不辞辛苦找到这个不起眼的社区卫生服务中心，请胡大夫为她们排忧解难，找回健康和笑容。

郑州市建中街社区卫生服务中心这间10平方米的诊室，经常被病人围得难以下脚，满屋热气腾腾。

患者大老远跑来看病，医药费常常才需要几十元。因此，患者经常开玩笑地说："来这里看病，路费比药费贵多了。"

胡佩兰将心比心，视患者为亲人。她用最便宜的药治好无数患者付出昂贵代价也难以治愈的病痛，不仅无愧于自己的良心，也赢得无数普通百姓的称赞。

高龄主刀　　德艺双馨

这位将全部身心寄托于患者的老专家，不停歇地工作。在她的

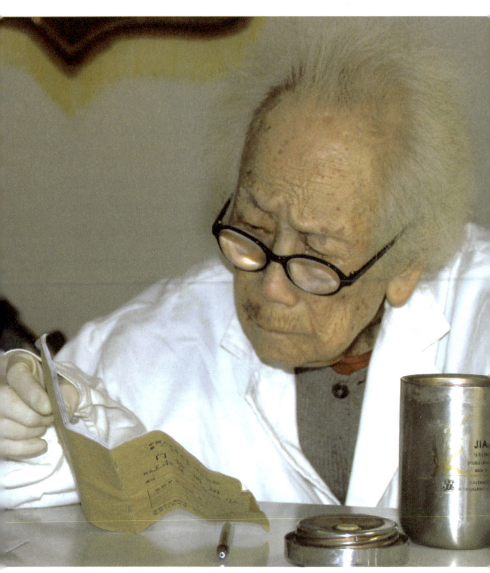

胡佩兰认真阅读病历

生命和血液里，工作几乎成了她所有的精神寄托。

每当结束了一天的工作，脱下白大褂，胡佩兰的心情就开始失落。在家休息的时候，她时常没精打采，不知不觉就"老犯困"。有时，她会无所事事地转动轮椅，在屋子里来回走几圈。如果轮椅可以一直这么转动，她还是希望它载着自己走在上班的那条路上。

"我的爱好就是工作，长寿的秘诀也是工作。"胡佩兰每次穿上干净的白大褂后，就精神抖擞，浑身是劲儿。她常对家人说，自己最怕过年放假的日子。一放假，就感觉无所适从，不知做什么才好。只有上班看病，才是她最大的乐趣。

多年来，尽管总是坐着轮椅赶去社区卫生服务中心，但胡佩兰从不承认自己已经老了。她的病人们，也不承认这一点。

人们总是看到，这位老大夫一开始坐诊，就无法闲下来。络绎不绝的病人，见到胡佩兰便推门而入，大家满怀信任，围在她的身边，安静、耐心地等待她的诊治。

她用略带沙哑的嗓音，大声地询问病人："你哪儿不舒服啊？"病人则虔诚地趴在她耳边回答。遗憾的是，那时已经95岁高龄的胡佩兰的听力已在下降，耳朵开始有些背。

她侧着身子，努力地倾听着。实在听不清，就找她的学生帮她"翻译"一下。

她的鼻梁上架着眼镜，戴着橡皮手套的手在病历本上一笔一画地写着字，没有一丝颤抖。胡佩兰也说："我拿菜刀手抖，可拿手术刀和写病历一点也不抖。"

她说的是实话。早在2007年，胡佩兰已经89岁高龄的时候，她还主刀做妇科手术，并帮一个女孩及时避免了大出血。

当年，长春姑娘小春辗转来到郑州打工，突然感到腹痛难忍。正巧，小春的舅舅认识胡佩兰，赶紧打电话求助。胡佩兰稍事检查，即准确利索诊断小春为宫外孕，并建议立刻手术。因手术及时，小春避免了大出血，并很快康复。后来，姑娘听说给她手术的医生是一位89岁的老专家时，一个劲儿感叹："89岁的老奶奶还能做手术，太让人佩服了。"

第九章

终身不忘勤学习

百岁秋兰自芳菲

虚心好学　　彰显卓识

退休后的胡佩兰，除了在工作中保持着年轻时的"拼命三郎"劲儿，在学习方面，也丝毫没有放松。

工作之余，她最大的兴趣就是读书和看报。如同她那个每天都转动着的轮椅车轮，她的思想也在"与时俱进"。她关注医学领域最新的研究与进展，妇科、内科、外科方面的新闻，她全部都看。家里的地上、床上，到处都是书籍、报纸。她还办了好几个图书馆的借书证，经常去那里查阅资料，时刻保持充沛的学习精神，不断更新知识结构和内容，以便跟上社会前进的步伐。

她不仅仅是一名优秀的妇产科专家，更是一名优秀的"全科医生"。

虽然几十年的临床她专职妇产科，但这些病人五花八门，骨折的孕妇、患肿瘤的产妇，以及合并其他各科疾病的病人，胡佩兰一生中遇到过无数复杂病例。为了方便病人，她认真钻研各科知识，积累临床经验，尽量使接诊的病人在她这里解决问题，这也客观上造就了她深厚的医学积淀。所以，胡佩兰不但在妇产科专业领域出类拔萃，在其他各科疾病的诊治上也有相当的见识。

20世纪五六十年代，胡佩兰长期工作过的郑州铁路中心医院，每逢周二、周五，内外妇儿五官各科主任都要集中大查房。胡佩兰经常念叨: "医生是一个活到老学到老的职业,除了理论知识,病人就是你最好的老师。" 她退休后经常感叹,大查房制度让她一生受益无穷。各个科室各种各样的病例,各科主任齐聚一堂,探讨交流,这是异常宝贵的学习机会。

胡佩兰的博学多才,曾在生活中发挥至关重要的作用。

1979 年,孙女李昕 (老二李宁一的女儿) 不满周岁时,母亲带着她从甘肃来郑州看望奶奶。因舟车劳顿,抵抗力下降,小李昕感冒发烧,后来竟合并肺炎,住进了郑州铁路中心医院的小儿科。中午时候,胡佩兰忙完妇产科的病人,到小儿科看望孙女。这时,她看到孙女因高烧不止昏厥抽搐症状,立刻采取急救措施,并喊来儿科医生共同抢救。事后,儿科医生及李宁一都觉得极为惊险。如不是胡佩兰及时果断采取急救措施,后果不堪设想。

活到老、学到老

1980年，胡佩兰的丈夫李公恕在郑州铁路卫校授课时，突然失语失明，恶心呕吐，被学校紧急送往医院。赶到医院，内科接诊医生却将李公恕误诊为急性肠胃炎。

胡佩兰闻讯赶来，认为这个诊断是错误的。她找来教科书指着有关章节对内科主任说："这分明是脑血管意外！"在胡佩兰的坚持下，李公恕得到了及时正确的诊治。

胡佩兰的远见卓识不仅成功地为家人的健康保驾护航，也及时帮助许多疑难病患者拨云见日。

1996年的一天，三儿子胡心一同事的父亲出现腹部疼痛。老人满脸直冒冷汗，疼痛难忍，以致在地上痛苦打滚。家人惊慌失措，连夜辗转儿家医院，都未能确诊。情急之下，胡心一只好连夜打电话把80多岁老妈叫醒。已经入睡的胡佩兰听完病人家属的详细介绍，沉思片刻，初步认定病人可能是肠梗阻，果断地建议家属赶快将病人送外科抢救！经过及时抢救，病人脱险了。家属找她感谢时，她依然如往常一样，摆摆手说："没啥，治病救人，医生应该做的。"

除了临床经验丰富广博，胡佩兰也非常重视理论学习，理论水平不断提高，并总能紧随医学发展与时俱进。很多外文著作，胡佩兰往往随手翻阅，无障碍阅读。2011年，胡佩兰因消化问题住院治疗，她还跟一些年轻医生探讨国外最新的医学技术和手术方法。很多年轻医生惊叹，当时一些最新的医学知识和临床技术，胡奶奶比他们掌握得还详细准确。她总是说："不学习会中？不学习不就跟社会脱节了？"

将心比心　　弥合裂痕

确实，胡佩兰紧跟时代步伐，无论思想还是行为，与社会一点也不脱节。

胡佩兰在学习上除了钻研医学知识，还会关注时事新闻。

她最喜欢看的电视节目是《新闻联播》与《焦点访谈》。

谈起时下流行的热点，老人一点也不"OUT"，她嘴里经常会蹦出些"野鸡大学""光盘行动"等新鲜词汇，让周围的年轻人瞠目结舌。

有一次，媒体记者采访她，问她什么是"正能量"。胡佩兰不假思索地回答："天天上班，为人民服务，那是正能量；每天只知道吃喝，不干活，就是负能量。"有一天下班，她特意让司机将她送到医院礼堂，说是"要去学习十八大精神"。

对于社会上的"医患纠纷""以药养医"等现象，她有着自己的观点和看法。

她曾说起在报纸上看到的一则新闻报道，讲的是一个病人的儿子杀死了医生。

事件的起因是病人的儿子觉得因为没有给医生送红包，医生就不给好好治。她认为，其实是患者的病已是晚期，回天乏术。她实在不能理解，医生又不是万能的神仙，人没了，怎么就一味地找医生撒气呢？

这位跨世纪的老大夫，始终觉得"红包"无法和医院并在一起说事。在她看来，医生这个以治病为本职的工作，怎么会跟红包联系起来呢？

对于当今社会频发的医患矛盾，她说，双方要多沟通、多商量。当一名好医生，要有细心、耐心和爱心。尤其是爱心，是最重要的品质。患者也要多体谅，医生并不是万能的，不是任何病都能治好。在健康方面，医生只能是一个拐棍，起到一个辅助的作用。患者要认清这些。

她信奉的就是"以人心换人心"，患者家属亲友提起胡佩兰，最常说的一句话就是："她对病人是真好。"

胡佩兰最让大家尊敬的是，她对患者不是一种俯视或者恩赐的态度。她的口头禅就是"患者是咱医生的衣食父母。医生是在为患者服务过程中才学会看病的，病人是医生的老师。为一个个患者看好病才是医生职业价值的体现"。她多次向身边的工作人员强调，当医生看病要情感投入，要先认人，再看病。她坚信，只要大夫看病时把心掏给病人，病人也会将心比心。只要将心比心，全身心为病人服务，病人也一定会体谅医生，多数患者不会对医生有过分要求。毕竟，大夫是人不是神，医学也是科学，还有太多未知数。

胡佩兰的肺腑之言朴实无华，却是大道至简。医生救死扶伤，患者抱病求诊；医生守护生命，患者渴望平安无虞；医生尽己之责、尽人之力，患者做好配合、坦然接受。这或许就是为人之道，也或许就是医道。

节俭传承　　奉献余热

胡佩兰"与时俱进"，也"固守医道"。

几十年的门诊，她始终喜欢用黄色封皮的老式病历本。她的办公桌掉了一大块漆，椅背上也是斑斑驳驳。几次诊室搬家，她都不准别人丢掉这些"老古董"。

她有一个用了20多年的老式手电筒，手柄生锈了，电池接触也不好，但是谁说要扔了它，她就会生气。

她身上的红棉袄也已经十多年了，儿子给她买的新衣服一直挂在衣柜里，从不拿出来穿。

她的饮食很单调，基本就是馍和面汤，而且馍一定是要自家做的，因为"一块钱街上买4个，在家能做6个"。馍发酸了，她也不舍得扔，留着下一顿吃。

她的第二把轮椅也旧了，坐垫的边缘磨得发黑，脚蹬生锈了。她的老习惯就像那个车轱辘一样，固执、坚硬。

她在固执地"守旧"，将年轻时候的信仰、热情一如既往地坚守下来。

"静以修身，俭以养德"；非节俭无以励志，非朴素无以立德。穿过战火的烽烟、走过历史的迷雾，在安宁的岁月里，胡佩兰已将中华民族的传统美德融化在血液里。

1950年抗美援朝时期，胡佩兰积极要求参军上前线。那时军装都发下来了，一位领导却扔出一句"前方又没妇产科什么事儿"，生生给拦下来了。

岁月沧桑，当年热爱学习、追求进步，曾经叱咤风云的胡佩兰已至人生晚年。这时候，除了工作与学习，她还想干点什么。

2001年，85岁的胡佩兰听说共青团郑州市委正在招募青年志愿者。她二话不说便拨通电话，积极报名。

当工作人员得知她已85岁高龄时，就在电话中婉言谢绝。可

志愿者胡佩兰

是她却坚持要参加，固执得像一个三岁的孩童。她急得几乎跟人吵架：“志愿者活动又不是你们年轻人的专利，为什么我不能参加？再说，我虽然年纪大了，不能帮人干体力活，可我是主任医师呀！我有医学知识，可以做一个提供医学咨询的志愿者嘛！”

为了争取志愿者的资格，胡佩兰几次辗转，找到共青团郑州市委的工作人员，据理力争。大家被胡佩兰的热忱感动，最终批准了她的申请。她也因此成为全国年龄最大的一位“青年志愿者”。

从此，在郑州市青年志愿者的行列里，多了一名头戴着小红帽、坐着轮椅、背着药箱的银发老太太。

以后，每逢公休日，胡佩兰都要和青年志愿者一起到干休所去为老红军、老干部义诊，风雨无阻。有一次，老人摔伤了，不能起床，因此缺席了几次青年志愿者的活动。那段养护时间，每遇青年志愿者的活动，她都不忘事前托人给自己请假。伤好后，她继续参加活动。

这段经历，让胡佩兰收获了两件心爱的宝贝。

一件是青年志愿者的注册登记卡。我国的青年志愿者活动起步

胡佩兰高兴地参加志愿
者服务活动

发展并逐渐步入正轨后，建立了志愿者注册登记制度，胡佩兰成为
一名最年老的正式注册登记的"青年志愿者"。她以此为乐，倍感
光荣，经常把注册卡拿出来仔细端详，爱不释手。

　　另一件是青年志愿者爱心存折。这是用于记录志愿者爱心活动
的详细资料簿，那上面记录着胡佩兰每次参加活动的地点和服务时
间、服务内容。

　　也许有人认为这些都微不足道，但胡佩兰却十分看重，这些成
为她最感幸福的资本，一直珍藏。

　　"这是心的呼唤，这是爱的奉献。这是人间的春风，这是生命
的源泉……"多么熟悉的歌声，这爱的呼唤也总能在不同时间和地
点萦绕耳旁。如果我们都怀着像胡佩兰老人那颗真挚的爱心，拿出
一份赤诚的情谊，相信如医患之间的裂痕乃至许多社会矛盾，一定
能慢慢修复直至消弭。

　　由此看来，胡佩兰老人一直秉持的真情和一直保留的老旧物品，
都成了时光深处的珍宝、历史深处的遗珠，它们穿透尘世的烟雾，熠

熠生辉，照亮了我们前行的道路，温暖了我们曾经冷漠晦暗的心灵！

百岁宏愿　情牵书屋

2003 年，共青团郑州市委工作人员魏东在与胡佩兰一次聊天的时候，说起了希望工程的话题。

当时，胡佩兰从媒体上了解，一些贫困山区的孩子因贫困而没书可读。看到这些新闻，胡佩兰心里十分难受。她正寻思着怎样去帮助这些困难的孩子。

她说："我读书的时候，正是战乱，体会过读书的珍贵和不易。我要出一份力，帮助贫困的孩子实现读书梦。"

了解到共青团郑州市委希望工程的计划，胡佩兰主动拿出3000 元钱，直接赶去，要将这些钱款捐献给希望工程。

当时，魏东一看，不知如何是好。他说："给希望工程捐款是胡大妈的心意，可大妈的子女大都不在身边，又这么大年纪了，这笔钱可是她养老的钱。我怎么能收？"胡佩兰又表现出她的犟脾气，执意要捐。谁知她这次遇到了和自己一样的"犟筋"，任她"死缠硬磨"，魏东至终还是没有接受这笔捐赠。

虽然被"拒绝"，胡佩兰就是不服输。她活了一辈子，想干什么、追求什么，就一定要做到，谁也拗不过她。

这次胡佩兰采取了"迂回战术"。

她跟自己坐诊的社区医院商量，先由医院帮她开设"爱心门诊"，然后把收入捐赠给希望工程。

当时的解放军 3519 职工医院（现为郑州市建中街社区卫生服

孩子们向胡佩兰致敬

务中心）院长是陈启明。他对老太太的那份诚心和爱心十分感动，对她的想法非常支持。

到 2004 年底，胡佩兰一年坐诊的收入共有 4800 元，再加上自己节省下来的部分养老金，一共凑齐一万元整，捐赠给共青团郑州市委希望工程办公室，用这笔钱建了 5 所"希望书屋"。从此，她每年都要省出一万块钱捐给希望工程，共建成 50 个希望书屋。

每当希望工程办公室的工作人员从山里捐书回来，把拍摄的孩子们读书的照片带回来的时候，胡佩兰就非常高兴，她纯真的笑容里既充满幸福，又绽放无限爱意。

2007 年 4 月 2 日上午 9 时，在郑州市解放军 3519 职工医院妇科门诊室前，接到希望书屋的孩子们来这里看望胡奶奶，郑州市须水小学的学生沈浩卿为胡佩兰系上红领巾。他真情地对胡奶奶说："谢谢您捐钱给我们建希望书屋，让我们课外有书读。"

"不算啥，太少了，对不起你们啊！"胡佩兰连连摆手，她深感自己做得还不够，还要继续做好。

每次接过郑州市希望工程贡献奖证书和希望书屋捐赠证书，都有记者试图让她讲几句话，胡佩兰没有慷慨激昂的"获奖感言"，

胡佩兰捐建希望书屋，希望更多的孩子读好书、多读书

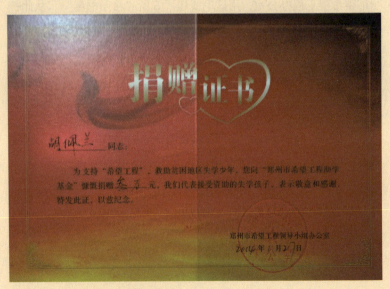

捐赠证书

胡佩兰捐建的希望书屋

孩子们在希望书屋选书

孩子们在希望书屋认真阅读

反而转身要走，嘴里不停地说着："我还要多做实事，别表彰我。"

好不容易被拦住，她仍是轻描淡写地重复着："不算啥，杯水车薪，不济事。"除此之外，她什么也不愿多说。

当时已经91岁高龄的胡佩兰，给自己立下的目标是，到百岁生日时，希望能给孩子们捐够10万元。令人遗憾的是，2014年1月，胡佩兰不幸去世。这时，她已经捐赠7万元。

在老人去世后的几天，她的儿子们完成了老人未尽的愿望。1月27日下午，3万元钱被送抵郑州市希望工程领导小组办公室，用于再新建12个以胡佩兰名字命名的希望书屋。

第十章

寻常之家不寻常
大爱仁医有传人

父母分工，母爱深沉

培根曾说："幸福的家庭，父母靠慈爱当家，孩子也是出于对父母的爱而顺从大人。"父亲雷厉风行，外出工作，早出晚归。母亲温声细语，在家料理大小事务，每天把家里收拾得窗明几净，做好满满一桌子的美味佳肴。传统的中国家庭里，母亲大多都是这样温和慈爱的角色，父亲则大多是不苟言笑、威严凛然的模样。

但在胡佩兰家里却是截然相反的情景。李宁一感慨："我们家与众不同，父主内母主外。妈妈工作起来不要命，从来不顾家。"

在四个儿子很小的时候，他们或许对母亲有着很多不理解与抱怨。

有一次，胡佩兰好不容易忙完一天的工作，早早下班后就带着7岁的四儿子李如一去电影院看电影。电影刚刚放了一半，电影屏幕旁边显示屏上打出了字幕："郑州铁路中心医院的胡佩兰主任，医院有急诊病人，请速回医院。"

李如一后来回忆，当时自己觉得很委屈，眼泪在眼眶里直打转，但又没办法。母亲顾不上说什么，第一时间赶回医院。

李如一无不遗憾地说："人家小孩儿受委屈了回家是找妈妈，我们是找爸爸。"

郑铁医专同事合影（前排右 1 为李公恕）

胡佩兰将全部时间和心力放到工作上，放到她的患者身上，没有更多的时间与更细的心思照顾家里。在事业上，丈夫李公恕给予胡佩兰极大的支持。洗衣、做饭、照顾孩子与老母亲，李公恕全部包揽，且事事细心、处处周到。

在"国立河南大学"医学院读书时，李公恕在眼科方面的天赋深受教授赞赏。参加工作后，他更是一位优秀的眼科专家。但为了做好胡佩兰的"后盾"，李公恕几乎牺牲了自己的专业。

最早，李公恕在医院行政科室工作，后来又转到郑州铁路卫校（现在的郑州铁路职业技术学院）做教师。这样，他有了更多的时间照料一家老小的生活。

李公恕在绘画艺术方面有非常好的天赋，在学校里做解剖学老师时，深受学生喜欢。回到家后，李公恕还发挥自己特长，捏个泥人、扎个灯笼，并在上面画上栩栩如生的花草、虫鱼、鸟兽等，和儿子们一起赏玩。

在大家印象里，李公恕人很老实，本本分分，才华横溢。为了照顾胡佩兰的工作，他几乎承担了家里所有的琐事与照顾孩子的任务。

每个月，李公恕都会掂着四个鞋盒子，里面是四个儿子的新鞋。这是因为，随着孩子们一天天长大，开始淘气捣蛋，鞋子磨损尤其厉害。在一般家庭，妈妈通常会给孩子们细针密线做一些结实耐穿的鞋子，但胡佩兰的孩子们却从来没穿过妈妈做的鞋子。胡佩兰根本不会做针线活儿，也压根儿没时间做。所以，李公恕就给四个儿子买那种一脚蹬的"懒汉鞋"，既耐磨也方便穿。

可以这么说，在四个儿子的成长过程中，胡佩兰未能给予孩子们母亲的温柔和细致，但她又用自己的方式给予了孩子更深沉的母爱。

二儿子李宁一说，等到他们慢慢长大懂事，才体会到了母爱贯穿在他们成长的每一个关键节点。

1947年的盛夏，身怀六甲的胡佩兰从潢川到信阳，去抢救一个难产的产妇。大雨滂沱，道路泥泞，汽车意外翻到路边沟里。忙乱中，穿着长筒靴子的司机不小心碰到了胡佩兰。胡佩兰忍着疼痛，处理完病号又返回了潢川。当天夜里，正在纳凉的胡佩兰忽然感到一阵腹痛，不足七个月的老二李宁一提前诞生了。

因是早产，李宁一没有吮吸反射，不会吃奶。那时，正处于内战时期的小县城，也根本没有适合病弱儿或早产儿的婴儿恒温箱等医护设备。胡佩兰最后硬是用滴管一滴一滴往儿子嘴里滴乳汁和营养液，才奋力将李宁一救活。长大后，李宁一很清楚这段生命历程，

幸福美满的一家人

夫妻情深 相濡以沫

当时若不是学医的妈妈，他恐怕很难活到今天。

1957年冬，不满两岁的四儿子李如一嗓子眼儿卡了一粒大米，呼吸急促，生命垂危。刚刚下班回家的胡佩兰见状，连饭都没顾上吃，带儿子上了北京。出北京站，胡佩兰叫了辆三轮车，直奔北京协和医院耳鼻喉科。胡佩兰后来回忆：当时医院走廊里挤满了从全国各地赶来应诊的类似患儿。由于抢救及时，李如一喉咙里的那粒大米仅仅卡在气室边缘，医生用面小镜子刺激一下，打了个大喷嚏就取出来了。

2014年1月21日下午，弥留之际的胡佩兰听说二儿子从上海赶回来。老人睁开眼，非常清楚地问了一句："你腰好了吗？"李宁一患有腰椎间盘突出，作为母亲，即使到了生命的最后时刻，还在关爱着自己的孩子。

妈妈去世后，李宁一满怀深情地怀念道："长大后，我们兄弟四个，老大考大学报志愿、出国留学深造，我的工作调动，两个弟弟下乡回城就业，都是妈妈跑前跑后。一次为了给下乡的弟弟到知青办办理回城手续，妈妈冒雨跑了几十里路，蹚着过膝的小河，几次差点儿滑倒在地。"

李宁一回忆说，平时母亲经常教育他们生活上要节俭。可是，每当他们提出要添置学习用品，买参考书，购课外读物时，母亲总是满口答应，立刻就办。1970年，胡大一从北京医学院毕业后分配在北京当医生，业余时间跟着广播电台学英语。为了支持儿子的学习，胡佩兰与李公恕花两百多元钱给胡大一买了个半导体收音机，并利用假日坐火车亲自送到北京。

小时候，家里吃烧鸡，胡佩兰总是把鸡肉给母亲和孩子们吃，

母子情深

自己啃骨头。当时，年幼的孩子们对此中情义并没有什么深刻的体会，以至胡大一小的时候还天真地到处说"老妈最爱吃鸡骨头"。

　　进入耄耋之年，胡佩兰愈加思念长年在北京工作的大儿子。胡大一也经常打电话问候妈妈，每逢开会出差路过郑州，还尽量回家看看。每次见到妈妈，他也都会带来药品、食品和衣物，走时还要留点钱。

　　每当大儿子回家，胡佩兰总要在卧室里并排铺好一张床，让儿子在家睡一宿，为的是让他多跟自己说说话。知道胡大一爱吃糖炒栗子，只要他一回家，胡佩兰总要叫人去买两包，一包在家吃，一包带走。有一次，胡大一半夜到郑州，怕惊动老人，就住进了宾馆。没想到，第二天胡佩兰知道后却生了气。她埋怨儿子"物质赡养我不稀罕，精神赡养才是我最需要的。回家不在家住，我不高兴"！

　　有年春节，大儿子要回北京了。胡佩兰顶着凛冽的北风，穿着厚厚的羽绒服，扶着轮椅，依依不舍地坚持下楼相送……

微博情真　泪洒青衫

2013年3月29日，是胡佩兰97岁的生日。大儿子胡大一专程回郑州老家，为母亲祝寿。

胡佩兰很高兴，终于决定对自己放松一贯的严格要求，破例一次早点回家。为此，她还特意给医院院长陈启明打电话请假。不过，当天上午，她依然坚持看完最后一个病人，才回家。

当天，给妈妈庆祝完生日，胡大一感触颇深。半夜起来，他在微博上写了一条名为"老妈"的长义，当作对妈妈的祝福与思念。微博如下。

老妈97岁生日，我从山东坐火车回郑州看望。老妈现在仍然坚持每天上午出诊。她让我下车后直接去医院等她，看完患者后接她回家，再一起吃午饭。29日上午10时许，我到老妈出诊的社区卫生服务中心。看完患者，她交代助理给院长打电话请假：大儿子回家了，要早走一会。

老妈生我时已30岁，可能因此我和弟弟管爸妈叫老爸老妈。近两年老妈身体瘦弱了许多，听力也有些下降，但思路敏捷，说话仍声音洪亮。我和见过她的人都有同感：她坐诊看病、与患者接触时精神就好。有时在家休息，反显得疲劳些。

老妈看门诊比我更累些。我大多坐着看门诊。她看每个患者，不但要问诊记录，还要站起来为患者做妇科检查，会更劳累、辛苦。来找她看病的患者经常很多，下门诊大多要中午 1 点多。

微博截图

她讲道，近几年，政府关心她们这些离退休老人的生活，她在郑州铁路中心医院（现郑州大学五附院）老职工中，年龄最大、工龄最长，又是解放后铁道部全国第一批劳动模范，领的养老金也最多，每月有 4000 多元，她说可以自给自足了。

我很快 67 岁了，也步入老年人行列，仍感到家里有老妈真好。老妈在，一家人逢年过节就能团聚。在北京，我时常会给老妈打个电话，她总是很高兴，我也觉得很幸福，有一种寄托与安慰。出国时，我会在离京前、到京后打个电话。如说在国外，老妈总会很惦记，怕不安全。

我想，她可能是目前还坚持上班最年长的医生。她说还希望再干两年，工作到 99 岁。

朴实无华的描述、家常小事的絮叨、深情的祝福、绵绵的思念，引起了众多网友的感动与关注。有网友留言："这位母亲让人无比敬佩。我只想再补充一句，老奶奶希望再干两年，工作到 99 岁，我们希望老人家再干至少 10 个、20 个'两年'，能让更多的病人得到老人家的恩泽。让我们共同祝愿老奶奶医生能够健康长寿！"

长寿养生　自强自理

长寿老人胡佩兰，在健康的生活习惯与科学的生活方式上，给人们做出了表率。

胡佩兰年满 90 岁时，就有不少人向她打听长寿的秘诀。

二儿子李宁一说，其实老妈的养生之道大多是从报章杂志、科普读物上"批发"来的。晚年的胡佩兰，一改过去不爱喝牛奶的习惯，每天都要喝点牛奶。另外，她每天坚持吃一个煮鸡蛋，很少吃炒鸡蛋。她时常顺口念段报纸上的科普知识："一大一个蛋，健康又安全。"

根据自己每天中午应诊"拖堂"不能按时午餐的工作特点，胡佩兰坚持"早上要吃饱，中午要吃好，晚饭不吃最好"的生活规律，20 余年如一日。

其实，熟悉胡佩兰生活习惯的人都知道，几十年了，为了给病人看病，她每天其实只吃两顿饭。因为，由于每天要看的病人多、手术拖班等原因，她下午下班至少一两点甚至两三点。回家后，由于体力透支，她还要在家小憩一会，晒晒太阳，很多时候不小心就睡着了。一旁照顾她的保姆或家人心疼她，不舍得叫醒，只好等她小睡一会儿再吃饭。这样，一顿午饭吃完也就四五点了，实际上中午与晚上的两餐简化成了一顿饭。

李宁一介绍说，20 世纪 70 年代，全社会对老年人补钙的重要性基本上处于零认可阶段。当时胡佩兰敏锐地认识到这个问题，三番五次要子女帮她购买老年人补钙的药物。

李宁一曾跑过几家医院，结果全都吃了闭门羹。医生说：只有小孩才要补钙，没听说过老年人补钙的。无奈之下，李宁一跑到河南医学院找到一个朋友"走后门"才遂了妈妈的心愿。

父亲、姐姐的早年去世，给家里造成很大打击，也使胡佩兰一生性格刚毅要强。与李公恕结婚后，两人一生相爱，她被丈夫照顾得如同公主，家务事她几乎一概不管。但家里有了大事，她却是主心骨。虽然年龄逐渐增大，而她的要强脾性依然没有改变。

她反复念叨一句话："靠天天塌，靠地地陷，靠墙墙倒，靠水水流。子女也靠不住，只有靠自己。"只要自己能做到的，胡佩兰绝不求人。

她有病治病，从不盲从。自己认真请教，体验疗效后，再自己决定治疗方法和方案。她多年患腰椎间盘突出和严重的骨质疏松症，多次疼得差点卧床不起。但她自己琢磨着，选择中西医不同治疗方法，又奇迹般地站了起来。

到了晚年，胡佩兰因为耳聋，需要佩戴助听器。她自己看了最新的医学杂志，跑到北京自己排队点名找耳鼻喉科专家给她治疗佩戴。

当时，忙于工作的大儿子胡大一不在北京。听说母亲来北京看病，胡大一赶紧打电话并准备安排时间早点回北京。胡佩兰照旧一句话："我自己能做的事，不用管我。"

一世情缘　大道至简

胡佩兰年轻时候的偶像是史良，她的一生也与史良有着惊人的

李公恕（1排右3）与同事

李公恕（左3）与同事在一起

相似之处。两人除了都同样全身心投入工作外，与另一半的感情也是点点滴滴都洋溢着幸福感。

史良丈夫陆殿栋为妻子所拍相片：喝咖啡下馆子，后海游园……每一张都按照日期排列好，记录诸如"1948 年 12 月 17 日我和爱妻看了小电影"，一张覆一张，如胶带般回放他们的婚姻生活。他们互相尊重，志同道合，厚厚相册溢满二人的柔情蜜意。

李公恕对胡佩兰的爱则更细致与体贴，细致到衣柜里每一层衣服上的标签，以及从年轻到年老为她剪指甲、洗脚这些小细节。

1997 年，李公恕因脑血栓去世。丈夫的离世，对胡佩兰打击很大。有很长一段时间，胡佩兰都缓不过劲儿来。

李公恕在世的时候喜欢小动物，家里曾养了 3 只小猫。丈夫在世时，胡佩兰看到家里动物乱跑，有时忙起来会发脾气，曾反对养猫。李公恕去世后，家人原本准备将 3 只小猫送人，但都被胡佩兰拒绝了。并且，她一个人很细心地照料小猫，直到将它们养到终老。

丈夫去世后，每年的清明、忌日、七月十五、十月初一等祭奠日，胡佩兰都会准时去给丈夫上坟。以前腿脚灵便，还可以自己走，等到 93 岁那年，患上腰椎间盘突出症，腰部捆着钢板，行走不便，可她坐着轮椅，仍坚持给老伴上坟。

胡佩兰和李公恕生有四个儿子，每人的名字都有一个"一"，简单大气。对于四人名字中的这个"一"，除了王成修有取"第一"这个意思外，李公恕对儿子们的名字有更禅意的解释。李公恕特别喜欢谜底为"一"的字谜，这个谜面是："上不在上，下不在下；天没它大，人有它大。"李公恕说，这个谜面好，它跳出了"一"字数字含义，突出了"一"字更深刻的含义。三儿子与四儿子各字的中间字是李公恕名字中"恕"字上下拆分后的"心"与"如"。

不仅四个儿子的名字简单大气，到了第三代，两人对孩子们的取名仍然坚持从简原则。希望儿孙们生而行简，不束烦琐。

生了四个儿子的胡佩兰与丈夫其实很希望有个女孩儿，但遗憾的是一直未能如愿，所以，他们也将期望寄托到了下一代。对第三代人，他们虽有女孩的期望，但依然很开明地跟儿子们说，男孩女孩都一样。长孙女与长孙出生后，胡佩兰分别给他们起名"胡可"和"胡以"，意思就是男孩女孩都可以。

不仅是为孩子取名这件事，胡佩兰在其他的事情上也是奉行大道至简的道理。

真诚做人，简单行事，立志良医，终身不偷。

德高足远　传承有人

胡佩兰的四个儿子都各自成才。其中，胡大一最像胡佩兰。胡大一的行医处事，几乎与母亲如出一辙。他们都是一切以病人为中心，无论何时，走到哪里，便看病到哪里。

1986 年是胡佩兰退休的第一年，她决定和同事创办一家妇产科专科医院。那时，家人并不支持她的这一举动。一方面实在是心疼，想让辛劳一辈子的她好好歇歇；二是家人很清楚，胡佩兰"只懂技术，不懂社会"。她的看病治病技术是没得说，但创办一家医院，要跟社会上方方面面打交道，并不是一件容易的事。可胡佩兰一辈子要强惯了，还是坚持自己的想法。

当年秋天，她第一件事就是要为医院置办一些设备。先是购买

胡佩兰和家人在一起

和孙女李昕游玩

妇科检查器械。这些器械郑州即可买到。行事向来认真的胡佩兰，认为这些仪器设备应当从北京的批发公司购买，坚持要到北京亲自挑选。

那时她身体还算硬朗，但毕竟是 70 岁的老人了，家人不放心，就由李公恕自家近门的弟弟李炳煊陪着胡佩兰一起去北京。当年 36 岁的李炳煊说，知道嫂子平时工作忙，但没想到连在车上也闲不住。当天，他们坐的是晚上 7 点多从郑州开往北京的火车，那时还没有高铁。郑州到北京需要 10 多个小时。那晚，他们有幸坐的是软卧。李炳煊本来想好好休息一番。没想到，在上车根据工作证换票的时候（当时的软卧是要有一定级别才能坐的），列车长看到胡佩兰的名字后，第 时间过来了，又是送水、送水果，还前来唠家常。

胡佩兰虽已退休，但早已是声名显赫的铁路系统妇产科专家、名人。看到胡佩兰后，列车长嘘寒问候一番，就向胡佩兰提出了想看病的请求。胡佩兰二话不说，立刻答应了。或许是职业病使然，胡佩兰竟然还随身携带了检查器械、手套等用品。她将软卧门一关，现场开诊。李炳煊说，他很清楚这位嫂子看病的认真劲儿，一时半会儿不会结束，只好跑到外边的普通座位等起来。后来，他才知道，不光列车长，当时车上几乎所有的列车员，除了俩乘警是男的没去找胡佩兰，女列车员几乎都去找胡佩兰、咨询了一番。胡佩兰耐心细致，不仅认真检查，还嘱咐人家如何保健，如何爱惜自己的身体健康等。

"真是走到哪里看到哪里，走到哪里宣传到哪里。"李炳煊回忆道。当天晚上，直至 12 点多，胡佩兰才将所有的列车员看完，

给大家科普完才休息。途中悬
壶诊病的幸福快乐，似乎也赶
走了旅途的疲惫劳顿。胡佩兰
神采奕奕，满脸笑容。

与母亲行事如出一辙的胡大
一，也继承了胡佩兰的仁医风范，
时刻将病人放在首位，在火车上、
飞机上、高铁上，只要患者需要，
随时为他们看病。

2015 年 10 月 25 日上午
11 时许，在三门峡开往郑州的
G672 次列车上，忽然，车上的
广播打破了平静："15 号车厢
内有乘客突发疾病……"此刻，

胡大一高铁救人

15 号车厢内，正是一片混乱与紧张。一位 40 多岁的男子正手捂胸口，
面色苍白、满头大汗。围观的乘客与列车员，不知如何是好。

就在大家手足无措的时候，一位瘦削的老者从 2 号车厢出来，
一路小跑朝 15 号车厢赶过来。这位老者，正是国内心血管学科专
家胡大一。患者的紧急情况，令胡大一也大吃一惊：典型的心肌
梗死症状，还相当凶险。从患者妻子那里，胡大一得知患者曾于
2006 年放过两个支架，2013 年，自我感觉恢复很好，自作主张把
所有药都停了。此次由于赶火车跑得急，刚上车几分钟就发病了。

在胡大一的提醒下，前排有乘客拿出了"阿司匹林"，列车员
迅速掏出了速效救心丸，这也让患者病情得以缓解。之后，胡大一

胡大一高铁救人并送到救护车

迅速安排急救策略，并让列车长与随行的学生分别联系 120 急救中心和河南省人民医院心内科的高传玉主任，做好进一步抢救准备。

11 时 33 分，火车提前进站。这时，在胡大一及相关人员的帮助下，一条"生命绿色通道"已经打通，患者随后被护送到河南省人民医院。

12 时 40 分，看到手术开始，胡大一悄悄离开，乘飞机到济南参加下一站的健康教育活动。

14 时 20 分，病人各项生命指标恢复正常。

得知最新消息，胡大一教授长舒了一口气。对于救人，胡大一从不多言。他反倒不无担忧地提醒大家，平时一定要做好健康管理。

"不为良相，便为良医，要做个好医生，让穷人都看得起病。"这是胡佩兰老人一直坚守的信念，也是给同为医生的儿子胡大一明示的"家训"。胡大一虽早已退休，也一直如母亲一样，把全部精力都投入了健康公益事业。

第十一章

大爱无边铸辉煌

临终遗言感世人

2013 年感动中国晚会现场　刘栋杰摄

大爱仁医　感动中国

2013年，在评选"感动中国人物"时，经过感动中国推选委员会推选，胡佩兰被推举为候选人。在全国各地及新闻媒体推荐的候选人中，胡佩兰退休后在基层坚守20多年的平凡事迹，引起了几十万名网友的点赞。

经过3个月的评选，"感动中国"活动组委会参考群众投票意见，综合评定，最终选定胡佩兰为"感动中国2013年度十大人物"之一。

由于"感动中国"的颁奖晚会都是提前录制，早在2014年1月16日，胡佩兰便与家人、学生一起乘坐高铁，到北京录制了晚会。令人遗憾的是，胡奶奶为民奉献一辈子，却没来得及看到全国亿万观众一睹她风采的场景，就离世了。

2013年，《东方今报》曾率先联合河南广电全媒体多次关注报道胡佩兰。胡佩兰当选感动中国人物，前去北京录制节目时，记者董彩红也有幸一同前往，独家记录胡奶奶录制节目的台前幕后。

1月16日下午2时，胡佩兰早早准备妥当，就和四儿子李如一、学生唐利平等，朝车站赶去。

胡佩兰要乘坐高铁去北京录制央视的"感动中国"。

李如一说，老太太做事很认真，坚持要提前赶到。原来，感动

胡佩兰

技不在高，而在德；术不在巧，而在仁。医者，看的是病，救的是心，开的是药，给的是情。惠江而与辟芷兮，纫秋兰以为佩。你是仁医，是济世良药。

都是您的晚辈

2013 年感动中原晚会现场电视画面

中国栏目组考虑到胡佩兰老人高龄，为了让她多休息，特意将她的彩排安排到 1 月 17 日的最后一个环节。其实，胡佩兰只需熟悉一下现场，原本可以晚一些到现场，但她坚持要提前赶到，担心一个人影响整个流程。

她一直念叨着："大家对我认可，我很高兴。来采访我，是给我送来了精神食粮。"

唐利平说，胡奶奶上了年纪后，耳朵有点儿背。但一面对病人，听力便奇迹般恢复。她记性特别好，能清晰叫出所有患者的名字。

胡佩兰时时刻刻惦念的是病人。就连在北京录制节目间隙，大儿子胡大一去看望她时，俩人聊的依旧是病人。她给儿子的嘱托依然是要对患者有耐心，并说病人才是医生的老师。

"医生的知识都是从病人那儿学来的，没有病人你学啥？"胡大一曾回忆母亲常念叨的这句话。他说，这是母亲一辈子坚持的好习惯，永远将病人放到第一位，从他记事起就感受到了。

"妈妈一生留下最珍贵的是医心、医德、医风和医生的职业精神。"胡大一说。

在节目录制过程中，为了让胡佩兰吃好和休息好，感动中国栏目组特意派出工作人员协调陪同。但自始至终，胡佩兰没有提过任何要求，并且还不停地要求减少大家对她的照顾。在吃饭时，大家给老人点了很多新鲜可口的饭菜，但都被她拒绝。她只对烤得金黄的小馒头感兴趣。

胡大一说，母亲的饮食很单调，"基本就是馍和面汤"。她身上穿的一件棉袄，也已经有十几年的历史了。她还多次拿出十几、二十几年前的衣服，修改一下继续穿。

颁奖晚会录制现场　刘栋杰摄

　　这次去北京录制节目，家人们特意给她买了一件崭新的红棉袄，还被她好一阵埋怨，一直吵着浪费钱，应该退掉。

　　1月18日下午2时，"感动中国2013年度人物"颁奖晚会开始录制。

　　当胡佩兰这位98岁的"良心医生"一出现，现场人群顿时给予了雷鸣般的掌声。短短10分钟的录制时间里，全场引发11次雷鸣般的掌声，一阵接一阵，很多人更是眼睛含着热泪，为胡奶奶鼓掌、加油！

　　北京的杨丽说，以前只在媒体上关注过胡奶奶的消息，当时就觉得不可思议。这次，能见到本人，听到胡奶奶朴实的话语，看到她慈祥的面容，心里阵阵感动。

　　录制现场，胡佩兰简单朴实的话语，也博得现场雷鸣般的掌声。

白岩松访谈　刘栋杰摄

很多人手掌都拍红了。现场 VCR 里，胡奶奶因患严重的腰椎间盘突出症，腰上戴着钢板，风雨无阻，每周 6 天赶去上班；每天坚持挪动沉重的脚步，亲自给患者诊断……看到这些画面，很多人鼻子发酸，眼圈泛红，不约而同地喊道："胡奶奶，你是我们的榜样！"

在去北京录制节目时，当得知白岩松是本次颁奖典礼的节目主持人之一时，胡奶奶很开心。原来，一直关心时事、坚持看新闻的胡佩兰，一点儿不比年轻人落伍。社会时事、政治热点类节目是胡佩兰必看的，而作为央视知名主持人之一，在时事点评方面有独特见解的白岩松也很受胡佩兰青睐。

颁奖典礼由敬一丹和白岩松主持，录制前一天，要进行一次彩排。彩排前，工作人员问胡佩兰，想让哪位主持人主持她的颁奖过程。工作人员刚问完，本来想着老人会思考一下，或者停顿一下再回答，谁知道胡佩兰接口而出："我喜欢白岩松。"这让正准备见缝插针跟其他人再说句话的工作人员一下没反应过来，等反应过来了，大家笑声四起。

1 月 17 日下午，节目彩排完成，胡佩兰特意在舞台旁边等着，坚持要和白岩松打个招呼再离开。

"我知道你，你是名嘴啊。你不要跑滑，要跑事实，要给老百姓办事。"胡佩兰说。

"我也知道你，你是胡大一的妈妈。"白岩松说。

"水均益英语好，你英语不行，没水均益好。"胡佩兰说完，大家再次大笑不止。老人看电视，从不看歌舞节目，而是非常喜欢看新闻，所以她认识白岩松。 在 1 月 18 日节目录制现场，白岩松饱含深情地说："奶奶，能把您请到这个舞台，我们能跟您对上话，是我们最高兴的事儿！"

胡佩兰幽默地回答："能跟你说说话也是我最高兴的事儿，能有机会跟你对上话不容易啊！"

现场观众也被胡奶奶逗乐了，随之报以热烈的掌声。

临终遗言　大爱无边

2014年1月19日，胡佩兰从北京录制完节目，回到郑州。

毫无疑问，三天的行程，对98岁高龄的胡佩兰来讲，是够累的了。

由于半年来身体状况不佳，胡佩兰时常呼吸急促、饭量日益减少。曾和胡佩兰一起工作的郑州市建中街社区服务中心主任陈启明，跟大家一样关心老人的身体。他说，老人出现呼吸急促的症状从2013年年底就出现了。当时，出于为她的健康考虑，家人与同事建议她减少门诊量，由一周坐诊六天改为一周坐诊一两天。谁知胡佩兰一听就很不高兴。就这样，在生命的最后一段旅程中，她依然坚持每周坐诊六天，风雨无阻。

1月20日，她已经不想吃饭了，但还挂念着门诊，反复要求去坐诊。当天，学生们想把中央电视台颁发的"感动中国"的奖杯拿出时，却突然发现装在盒子里的奖杯碎裂了。大家忐忑地告诉老人时，胡佩兰平静地说："奖在百姓心中，不是放在桌上给人看。"

1月21日，陈启明到胡佩兰家里看望她，得知她已经一天没有进食，就劝她说："您不吃饭会行？恁多患者等着呢。"

胡佩兰一听"患者"两字，立即有了精神，高兴地说："好，好。"

胡佩兰再怎么坚强，终究还是老了。

她的床头柜上蒙着灰尘，棉袄上还沾着油渍。每次给患者看完病，她都感觉很累，总要先回家小睡一会，才有精力吃饭。尽管如此，一提起病人，她就有了无限的力气。

她记性不好了，常常记不住家里人的电话号码，她却依然能一下子叫出不少患者的名字。她一再嘱咐学生给患者打电话，质问患者"咋还不来看病咧，情况咋样了？"还叮嘱患者"不要嫌我啰唆"。

她的患者也记得她。一位患者患了脑瘫，记忆力衰退，多年后却在一次翻报纸时，看到胡佩兰的照片，高兴地嚷嚷"你看这不是胡大夫吗"，询问"胡大夫今年多大了"。

"胡大夫今年多大了？"这是一个令很多人都很好奇的话题。很多人觉得不可思议，她们说，自己年轻的时候生孩子是胡大夫给接生的；等到孩子长大结婚怀孕，又是胡大夫给接生。现在孙女也准备怀孕，找的医生还是胡佩兰。

很多同事也觉得不可思议，在她们二三十岁刚上班的时候，胡主任已经70岁高龄，刚刚退休。如今，将近30年过去了，老同事们准备退休的时候，却发现胡大夫依然在一线工作着。

儿子们也几乎忽略，或者说不想承认胡佩兰已经多大年岁。在他们看来，老太太一生闲不住，只要看到病人都会精神抖擞。这样的妈妈一定能长寿，再长寿。

胡佩兰自己也不服老。她过完97岁生日的那一天，还激动地告诉家人和朋友，到100岁时再过生日。

但岁月依然是残酷的，无论你怎么"任性"，时间的车轮一直在无情地前行。

2014年1月22日凌晨5时30分，在工作岗位上兢兢业业坚持了70年，已届98岁高龄的"医生奶奶"胡佩兰，耗尽了最后一丝心血，永远离开了这个世界。弥留之际，她心里想的依然是病人，只留下一句话："病人看完了，咱们回家吧……"

大儿子胡大一悲恸地说，老人很独立要强。90岁高龄后，依然每天准时坚持在工作岗位，日常生活琐事，例如穿衣服等，也都坚持自己来。晚上休息，也坚持不给孩子们添麻烦，都是自己一个人睡。22日凌晨5时30分，家人发现胡佩兰老人出现异常后，立即做医疗急救措施，但心电图已呈直线。

"欣慰的是，老人走得很平静。"胡大一说，老母亲毕生的愿望就是活到老，干到老，在工作岗位上坚持到最后一刻。直到弥留之际，她都没舍得休息一天，她想到的依然是病人。

2014年1月22日上午，郑州市建中街社区卫生服务中心妇科诊室门口，一如既往地有很多患者在等待胡佩兰医生。

但令大家极度难过的是，这间诊室再也等不来它的主人。那位坐着轮椅上班，无论刮风下雨都会准时出现的老人，再也不会来了。

"病人看完了，咱们回家吧。"21日晚上，胡佩兰老人休息前，跟家人说的最后一句话，依然是她的病人。从1944年毕业于"国立河南大学"医学院开始，胡佩兰一生学医行医70年。作为一名优秀的妇产科医生，她接生过的新生儿有6万多名，看过的病人更是不计其数。

1月22日上午，31岁的小王从西郊赶来找胡佩兰看病。她跟胡奶奶已有6年的医患交情，小王的婆婆就曾多次找胡奶奶看病。

"我找胡奶奶复诊。"小王径直走到挂号窗口。

"没有胡大夫的号。"挂号室的工作人员声音低沉道。

小王一脸惊讶,觉得很意外:"胡奶奶从不休息啊,她应该在呢。"

得知胡奶奶已经去世的消息后,她愣住了,半天没缓过神儿来。"真的?是真的吗?"得到确切的答复后,小王瞬间眼圈儿红了,眼泪顺着眼眶一滴滴滑落。

社区服务中心走廊尽头的妇女保健室,是胡佩兰老人生前的诊室。以往每天上午,她都会准时坐在诊室,聚精会神地给大家看病,此刻,在空空的诊桌前,放着3枝菊花。思念她的患者,常常前来,表达真诚的思念。

悲恸送别 怀念悠远

胡佩兰老人去世后,尽管其家人遵循了老人一贯低调的原则,但此事还是被很多关心她的患者和邻居发觉了。

22日上午,胡佩兰老人的家中,已摆满了鲜花和花圈,大家用不同的方式悼念这位可敬又可爱的老人。

在胡佩兰生前工作的建中街社区卫生服务中心,有的患者坐在诊室门口很久,哽咽失声。

"每天早晨,风雨无阻,老人都会准时去上班。"68岁的刘女士是胡佩兰老人的邻居,还没开口,眼圈已经红了。她说,连着两天早晨没看到老人的身影,她觉得心里空落落的。

2014年1月24日上午,郑州市殡仪馆内哀乐低回,花圈似海,挽联如云,当天上午8时30分,胡佩兰老人的遗体告别仪式在郑州市殡仪馆举行。98岁"良心医生"胡佩兰的遗体告别仪式上,

送别 刘栋杰摄

胡佩兰学生向遗体告别　刘栋杰摄

近 200 人自发前来给她送行，表达对她的哀思和怀念之情。

胡佩兰的亲友们来了，生前的老同事来了，她生前念念不忘的患者们也纷纷前来悼念送别。

老人的儿子胡大一在悼词中说，老太太一生学医行医 70 年，仅接生新生儿就有 6 万多名；工作拼命、没日没夜，遇到难产或疑难杂症，随叫随到，一干就是十几小时不休息；老人家一辈子不贪玩，麻将、扑克等与她无缘，她将所有的时间都奉献给了工作和学习。坚持活到老、学到老。学到新知识、新技术。一心为患者着想，就连弥留之际，心里想的依然是病人，临终留下的最后一句话是"病人看完了，咱们回家吧"。

"亲爱的妈妈，病人都看完了，咱们回家吧。"胡大一哽咽失声，现场所有人也忍不住落泪。

灵堂中央，摆放着胡佩兰老人生前最喜欢的相片。她面容平静、眼神温和，一如她平时给患者治病时的专注神情。

胡佩兰亲属止不住伤悲，失声痛哭　　刘栋杰摄

　　瞻仰遗容时，大家缓缓前行，脚步都迈得很慢很慢。大家多想时间可以静止，能多看老人一眼；多想时间可以倒退，能穿越回到老人生前，她还那么认真地坚持风雨无阻，到社区服务中心给大家看病，大声而又清晰地问每一位患者"哪儿不舒服，吃药效果咋样，恢复得好吗"……

　　"胡大夫上个月刚给我看过病，想起她当时嘱咐我的点点滴滴，心里都疼得难受。"遗体告别仪式现场，患者王女士没忍住，瞻仰完遗容蹲在一边泣不成声。

　　时间定格在 2014 年 1 月 22 日凌晨 5 时 30 分，很多人以为胡奶奶的故事结束了。

　　但在 2014 年 2 月 10 日晚，中央电视台播出"感动中国"2013年度人物颁奖晚会，很多人惊讶地在电视上又看到了胡佩兰。央视著名主持人白岩松现场采访了胡佩兰老人：她依然是满头银发，透着坚毅；依然是慢慢地说话，温暖有力；依然真挚地表达着"医生一定要有医德""医生不要想着挣钱，要为群众多做有意义的事"的执着信念……

很多人看哭了，也被老人的幽默逗笑了。回想起 1 月 22 日那个灰色的日子，大家多希望那只是一场噩梦，多希望胡奶奶还一如既往，坐着她的轮椅，风雨无阻地去诊所看病，穿上白大褂，精神抖擞地大声问患者"你哪儿不舒服"？

但这一切都是不可能的。胡奶奶真的走了，永远地走了

第十二章

斯人已逝风范在
秋兰为佩励后人

仁爱绵延　永励后人

◎欣慰：老人的三个担心都没发生

胡大一回忆说，老人一辈子要强、自立，坚持要活到老、学到老、奉献到老，坚决不给家人和朋友添一点麻烦。

随着年纪慢慢大了，看老人行动缓慢，家人想多帮她做一些事情，来照顾她，但都被老人拒绝。

"我自己还能动，我自己来"是老人生前常说的话。胡佩兰老人生前曾跟孩子们说过三个担心，也算是她的三个愿望。

第一个是希望自己上年纪后，不得老年痴呆，很怕脑子不清醒给大家添麻烦；第二个是担心自己会得慢性病，躺在床上不能动，自己难受家人也难受；第三个担心就是自己不能活到老、学到老，不能在工作岗位上坚持到最后。

"老人98岁高龄思路还很清晰，每天坚持给病人看病治疗。"胡大一说，下班回家，老人每天还坚持看《新闻联播》和《焦点访谈》，了解时事新闻，不与时代脱节，并订阅专业期刊和报纸，学习新技术，真正做到了活到老、学到老、奉献到老。

老人走得很平静，她的三个担心也都没有发生，家人也很欣慰。

◎ 还愿：家人帮胡佩兰完成未了心愿

除了坚持学习和工作，胡佩兰老人还有一件事让大家动容，就是她一直坚持做社会公益和奉献。

胡大一回忆，2000 年，听说共青团郑州市委正在征集志愿者，她主动打电话报名，当时还因年纪大被拒绝，但胡佩兰不死心，"软磨硬泡"多次坚持，并说"做志愿者不是青年人的专利，上了年纪一样可以积极参与志愿者活动"。由于她的坚持，大家被她感动，最终她成功注册为郑州市年纪最大，甚至是全国年纪最大的志愿者。自此，胡佩兰老人除了正常出诊，周末还要出去义诊，为病人东奔西跑。

"我是志愿者，我开心。"老人的积极奉献，让很多年轻志愿者都自叹弗如。

下乡义诊时，胡佩兰看到很多农村孩子缺少书籍，学不到知识，很心疼。自 2005 年开始，她决定将退休金和坐诊收入积攒起来，捐建"希望书屋"，每个月准时捐款 800 元。至今已捐款 7 万多元，建了 50 个"希望书屋"。

"母亲的目标是，坐诊到 100 岁，到时候捐够 10 万元。"胡大一在致悼词时说，老人走了，未捐够 10 万元的书屋成了她未了的心愿，他们决定即刻帮老人完成，向希望工程继续捐赠 3 万元，帮老人完成心愿。

◎ 坚持：在胡佩兰的道路上一路前行

胡大一回忆说，2014 年元旦，他从北京给母亲打电话问候时，胡佩兰让他帮忙列一些农业科技方面的书名。"估计是打算给农村

家人送别

捐献这方面的书。"

胡大一说,母亲的公益行动,也让他坚定了执着于自己的医学公益事业的信念,他会延续母亲的精神,用自己的特长,继续讲健康、做预防、走基层,像母亲一样,在公益和奉献的道路上,一路坚持,一路前行……

学生唐利平说,胡奶奶走了,他们会延续胡奶奶的精神,在工作岗位上继续坚持下去,给每一位病人看好病,相信,这也是胡奶奶最大的心愿。

在郑州市殡仪馆送别了胡佩兰,郑州大学第五附属医院(原郑州铁路中心医院)中医科主任杜桂荣匆忙赶去医院上班。"老人最放心不下病人,我现在回去工作,相信也是老人所希望的。"

她是胡佩兰生前的老同事,今年已经63岁,虽早已退休,但如胡佩兰老人一样,依然坚守在临床第一线。

杜桂荣说,最早她曾是胡佩兰的病人,发现这个医生对每一位病人都可亲,如同对待家人一样。那时她20多岁,住院时有次家人因为忙没时间照顾她，胡佩兰发现后，下班主动给她送饭，连着一周，一天都没落下。

杜桂荣病好后，学医留在医院，与胡佩兰成为同事后也成了好姐妹、好朋友。

"她不爱打扮，没有一点业余时间，她所有的时间都是工作和看书。"杜桂荣说，胡佩兰家里摆放最多的就是书籍，下班后胡佩兰就看书钻研，琢磨着给病人怎样更好地治病。

在遗体告别仪式上，杜桂荣多次失声痛哭，临走时，一次次回头，想多看一眼、再多看一眼老人。她说，他们这些老同事，一定也要像胡佩兰一样，干到不能动的那一天为止。

兰生谷中就像心灯一盏，为我们指引方向、照亮前路。百岁仁医，行医一生、行善一生、耕耘一生、播种一生！

◎子承母业：胡佩兰爱心门诊成立

清明时节，芳草满目，思念满怀。胡佩兰离世的第一个清明，她的学生、患者、家人们纷纷以各种方式表达思念。胡佩兰老人应该欣慰的是，在她身后，大家不仅没有忘记她，并且正在将她的精神传递下去。

2014 年 4 月 4 日，胡佩兰爱心门诊暨胡大一心脏康复中心在胡佩兰生前工作地——郑州市建中街社区卫生服务中心揭牌。著名心血管病专家、胡佩兰的大儿子胡大一带着北京志愿服务联合会大医博爱志愿者服务总队的志愿者参加了揭牌仪式。

说到成立爱心门诊的初衷，胡大一说，大医博爱志愿者的宗旨是一切为了人民健康，其精神是感恩、回报、分享、和谐，他希望

德泽永存

通过建立"爱心门诊"和心脏康复中心，能将母亲的精神传承下去，同时也能探索出中国社区心脏康复的服务模式。

据了解，爱心门诊和胡大一心脏康复中心成立后，大医博爱专家志愿者将每月定期到社区开展专家走基层进社区义诊、会诊、坐诊，开展健康讲堂、推动适宜技术进社区、帮扶培训基层医生、探索社区健康管理、心血管病康复技术等活动，同时推广药物处方、运动处方、心理处方、营养处方和戒烟处方等"五个处方"，旨在推动心脏康复在社区落地，探索心脏康复在社区的工作模式。

胡佩兰爱心门诊，除了胡大一及北京来的专家外，胡佩兰的学生们也在轮流值班，将病人照顾到底。

下午已经近 4 时，在郑州市建中街社区卫生服务中心，胡佩兰的学生唐利平和宋雪侠还没下班。

患者小刘说，胡佩兰老人的学生一如既往地很细心，那股认真劲儿跟胡佩兰老人一样。

"清明，要去给老师扫墓。但去扫墓之前，也一定要将患者都看完，不然到墓前无法给老师交代。"宋雪侠声音低低的，眼圈儿红了，又开始想念老师了。

子承母志，薪火不灭。滋兰无数，芬芳永恒。

◎怀念：谢谢您给这个世界带来的温暖

胡佩兰老人去世后，河南省卫生计生委下发向胡佩兰老人学习的通知，国家卫生与计划生育委员会开展了学习胡佩兰先进事迹巡回演讲活动。

郑州市卫生局调研员马振萍说，胡佩兰是医者的楷模、为民的典范，全省医务人员都要学习胡佩兰一生廉洁行医，看的是病，给的是情，为解除患者病痛而活。

胡佩兰老人去世的消息也被众多网友关注，还有网友特意为胡佩兰老人创建天堂纪念馆，那里有胡佩兰老人的生平、回忆相册等，网友们纷纷以点蜡烛、送花圈等方式祭奠。短短一上午，就有十万多名网友在网上点蜡烛，对胡佩兰老人表示悼念。

@lodadayeah：人民好医生！奶奶走好！谢谢你给这个世界带来的温暖。

@陌兮会发光：谢谢您对社会的贡献，您永远活在我们心中，请安息吧。

@Kiddy-Nini：了不起的人生！谢谢您来过……

@探戈的脆弱：愿天堂没有病人，老奶奶，您太累了，也该歇歇了。

@多宝吉：医者仁心，您用生命最好地诠释了这几个字，您的伟大我们会永远记住，一路走好！

@过敏反应科汤医生：作为一个医者，我真正能够体会胡大师的艰辛，更佩服她的毅力，还有她那悬壶济世的医者仁心！我请求我们所有医务工作者向胡大师学习！愿医患和谐，普天康健！

@蜡笔小旧：呼唤多点儿这样的天使医生，胡医生安息。

@萌不卖的萌萌萌园长：人民好医生 ，我们未来医学工作者的好榜样。

@妈妈爱诺诺哦：希望社会再多些这样的医生，她离世是我们的损失……

@海绵baby两万里：老人家一路走好，不知该说什么了，好难过……

@马婧然330：真的很痛心，中国的好医生！一路走好！

@peony1016：前一段还看到采访这位老人的报道，质朴的语言却透着无私大爱。老人家一路走好！

@健康第一线：一路走好，您是人民心中的天使！

胡奶奶，您辛劳了一辈子，在天堂里好好歇歇吧。

天堂有了您，会再没有疾病的痛苦，您是天使，在人间留下美丽痕迹，飞回了天堂。

胡奶奶，放心吧。您虽然离开了，但精神永存，我们将沿着您的足迹，在仁医的道路上走到底……

短短的文字无法道尽心中长长的思念，却折射出胡佩兰老人深沉的人格魅力，以及大家对仁医良医的尊重与呼唤。我们与良医结缘不是因为身为患者，而是缘于大医精诚的感召。

大医精诚　追忆感念

◎追忆：东方今报与胡奶奶的情缘

2013年11月份，有读者给东方今报社打来电话，说在郑州市建中街社区卫生服务中心，有一位90多岁高龄的好医生，很受患者欢迎。

"90多岁，还在工作第一线？"抱着一份好奇，当年11月14日，记者在社区服务中心第一次见到了胡奶奶。

一间普通的小小诊室，却等了很多病人。大家都很安静，依次排队等着就诊。他们很多都是远道而来，提起要找的这位医生，大家都很亲热，有的喊"胡大夫"，有的喊"胡奶奶"，都跟自家人一样熟络。很多患者一家三代都是胡奶奶的"粉丝"，71岁的王女士说，她的儿子是胡大夫给接生的，现在孙媳妇遇到妇科难题，也是来找胡大夫。

胡奶奶当时已是97岁的高龄，满头银发、身材瘦小，聚精会神在给患者看病。她对患者很有细心和耐心，每位患者问得都很详细，写完病历，还用手指点着一行行仔细检查。

从上午8时到下午1时，胡奶奶没有喝一口水，没有歇息一会儿，一口气给20多名患者看完了病。看到等在一边的我和摄影记者，还歉意地说："不好意思，让你们等恁长时间。病人都不容易，要给她们看完。"

胡奶奶顾不上自己喝水歇息，还担心我们会累。

第二天，有关老奶奶看病细节的稿件《做个好医生 让穷人看得起病》引起了全国网友的关注和感动。胡奶奶因此获得了由东方今报联手阿里巴巴公益共同发起的大型公益活动"天天正能量"人物，获得奖金1000元。当记者把这个消息告诉她时，她的第一句话就是："我要钱干啥，帮我把钱捐给需要的人吧。"

前后几次采访见到老奶奶，每一次都感觉她瘦小的身躯里是满满的温暖和正能量。

每次她都是在不停地给患者看病，甚至在家里，也会给患者诊断。

老人记性很好，第二次见她，她很清晰地知道采访者是东方今报的记者，并且说，采访她也是给她带来了精神食粮，她要用更多的精力去为患者看病，活到老，看到老。老人用她的一生，简单而又有力地诠释了"大医"二字。大医者，非独技艺精良，更重德行流芳。

◎母亲节《怀念母亲》

2014 年 5 月 10 日，也是胡佩兰去世后的第一个母亲节。

胡大一在微博上字字深情，写下一篇《怀念母亲》

2014 年 5 月 10 日。

离开母亲的第一个母亲节。

母亲在世时，我常常感到，也多次与朋友和学生们说到，家里有个老妈真好。老妈在，大家庭就在，老妈是大家的主心骨。老妈在，几代人春节都会回家聚聚。老妈不在了，家可能就散了。

1965 年高考后到北京上学，之后忙于工作，回家的次数少，时间也短，最后一次回家，只待了一个多小时。每周给母亲打个电话，都是感情、亲情的寄托。三年前拨通电话，母亲拿起话筒就快速对话，反应很快。近三年接通电话，我明显感觉到母亲听力不如以前了。

母亲反复对我说："你转眼就 68 岁了，也是老人了。"儿子多大，在母亲眼里还是儿子，还是孩子。她特别在意的是：老人需要的不仅仅是子女的经济物质赡养，最重要的是亲情和感情赡养。她常常说，要常回家看看，拉拉家常，说说心里话。

母亲生前时时关心我的事业、学习，时时牵挂，不放心我的生活和家庭。我在同济大学医学院做院长时，与自己的好朋友、常务副院长赵旭东说，对父母要"报喜不报忧"。父母养育我们不容易，我们长大了，他们也老了。高兴、愉快的事，为社会做了点好事，有益的事，多与父母分享，他们必然是最为之高兴的人。闹心的事，不愉快的事，一定自己扛着，别给爸妈增烦恼，一旦他们知道，对这种事可能比你都上心，都操心。母亲对这些都很不认可。她要求喜忧都要告诉她。我真的感受到母爱的无私和无限。

我只要回家，母亲总希望我能多陪她多待一会，单独与她说说话。她总感到我回家次数少，时间短，而且一回家来找我看病、说事的人太多，她没机会与我多说说心里话。只要在郑州过夜，母亲要求一定回家住。并且，她一定亲自为我安排好一张床，放在她的卧室，被褥一定要拆洗晾晒过，还要备用一条棉被，怕我冷。母亲退休后生活很规律，每晚看过《新闻联播》和《焦点访谈》就睡了。有时飞机误点，我不忍心打扰她，因为只要她知道我要回家，一定会等我。有时瞒着她住宾馆，她知道后会很生气。

老妈90岁前，我每次离开家回北京，她要下楼，目送我上车。90岁尤其95岁后，她行走越来越不方便，就走到台阶上，隔着楼道的窗玻璃，目送我离开，久久不忍离开。老妈知道我爱吃炒板栗，只要我回家，一定要让三弟或弟媳或侄子去买最好的炒板栗，而且一定是两袋，一袋在家吃，一袋路上吃。

我曾担任过日本世川医学基金的评委，并见过世川良一老人。他年轻时曾赴东北为侵华日军工作，但他后来反思忏悔人生，做了大量公益事业。他办公楼门前立的是他背着母亲的雕塑。工作人员对我解释说，雕塑的含义是："背呀背，永远背不尽母亲对儿子的恩情。"人们又常说，人生就是遗憾。母亲离我而去了，留给我久久不能释怀的是太多的遗憾，深深的内疚与自责。

母亲去世前，我与她最后一次见面是她来北京出席 2013 年 CCTV 感动中国领奖节目录制。她到北京那天晚上，吃过晚饭已近十点了，她让我留下一会儿，交代我今年 5 月份再忙也要陪她回趟多年未回的出生地——汝南县。她说要去看看家乡的变化，要谢谢乡亲们。刚解放时，解放军代表、党组织政策掌握得好，乡亲们都很通情达理，没给她家扣地主成分；"文革"中她受冲击，后来知道专案组去汝南调查，乡亲们实事求是，不胡讲乱说；她还要我陪着她去武昌，这是新中国成立后她第一个工作的城市。她当时上有老母，下有三个孩子，最大的三岁，最小的不到一岁，军代表明确建议她不参加工作，照顾家庭，她坚决要求参加解放军伤病员的救治，要求参加工作。军代表表扬她"干活不惜力气"。这是她一生的写照，她因此被评为 1951 年全国铁路系统劳动模范。母亲离开武汉时还没有长江大桥，更无江下的隧道，她想回武汉看看，过过隧道。这些本可容易帮她实现的事都成了我无法兑现的永久遗憾。

母亲很关心养老事业，也希望我为老年事业多投入时间与精力，她特别希望我能办一个老年医疗养护机构，她不仅仅可去养老而且可给她提供继续行医看病的机会。她不愿意过那种吃了睡、醒了吃的无聊生活，只要能动，头脑还清楚，就继续为患者服务。手术做不了了，就看门诊，大医院没机会了，去社区基层，大病看不了，看看常见病。

因我离开家早，又回家太少，多年感到遗憾。两年前，一天早上母亲打电话对我说，她想好了，在郑州还能工作，能干一天是一天，真干不动了，上北京。我总是觉得母亲能活过一百岁，能有一段时间住在北京，我有更多时间陪她说话。这些都成了永久的遗憾……

附

录

附一：秋兰为佩香满园
——胡佩兰事迹报告会演讲撷英

我的恩人胡佩兰

大家好！我叫陈红，我要把讲述她与胡佩兰医生之间的医患情。我报告的题目是"我的恩人胡佩兰"。

1994年的秋天，寒意来得特别早。那一年，结婚多年不孕的我好不容易怀孕了，却不幸地意外流产。流产后不断出血，在乡下治了两天，一点儿都没见好转。

我家在郑州郊区的一个村子里，那时农村的医疗条件差，我知道，这种出血是能死人的。但我不能死，我的丈夫大我10多岁，他身体不好，我们又没孩子，我要是走了，他就没法过了，我们这个家也就完了。我不能死，不能死啊！

就在我快绝望的时候，邻家大嫂对我说："妹子，赶快去城里找胡佩兰医生啊，她是个'活菩萨'，肯定能救你！"

我一听，就像抓住了一根救命稻草，赶紧就往城里赶。因为不熟悉路，到地方时，一打听，胡医生已经下班了，我的心一下掉到了地上，连忙拉住一位穿白大褂人的手，上气不接下气地说："医生，

李晓燕深情报告

快告诉我胡医生的家，胡佩兰的家在哪儿？我是找她救命的呀！"

　　找到胡医生的家，开门的是保姆，她说胡医生忙了一天正在休息。我的心一凉，像一下子掉进了冰窟窿。这时，一位白发苍苍的老人走出来说："闺女，是找我看病的吧？快进来！"我猜想，这位老人一定是胡医生。我的眼泪一下子夺眶而出。

　　胡医生看到我脸色蜡黄，裤子上、手上全是血，拉着我就往外走："闺女，别害怕。走，咱们赶紧去医院，打车去！"

　　一路上，胡医生一直紧紧握着我的手，宽慰着我："这个病只要治疗得及时，要不了命，做个清宫手术就行了。"

　　到了医院，胡医生没让我挂号、缴费，直接将我送进了手术室，仅仅用了半个小时，手术就完成了。咱乡下人说，在大城市里看个病难，专家的架子大，可胡医生对俺咋恁亲呢？

　　我刚刚躺下，胡医生就走进了病房，来到我的床边，俯下身说："闺女啊，血止住了，没事儿了，以后碰到这种情况早点儿看，这次还是很危险的。"

　　同病房的病友告诉我，胡医生78岁了，从早上8点起就在给人看病，一直看到下午4点多钟，回家刚准备休息就被我的敲门声惊醒，这一忙就是一天。

没想到，晚上9点多的时候，胡医生又提着饭盒来到病房。原来她看我是一个人来看病，怕我没吃饭，专门过来给我送饭的。我的鼻子一酸，眼泪禁不住落了下来……我一个农村妇女，第一次见到胡医生，她不嫌我脏，不嫌我穷，救了我的命还给我送吃的。我就是在家，也没有人这样伺候过我呀！我拿着筷子，哽咽着，一口饭都咽不下去。胡医生却笑着说："傻闺女，别哭了，你家不在市里，看病不方便。以后，就当我家是你自己的家。快吃吧，别饿坏了身体！"

听着胡医生温暖的话语，看着她和蔼可亲的神情，吃着她送来的可口饭菜。突然，一个熟悉的身影在我脑海中闪现，胡医生真像一个人，真像我小时候生病时照顾我的娘啊！

住院后，我的身体恢复很快，但我还是高兴不起来，不知道自己以后能不能再怀上。当听说胡医生还是有名的"送子观音"，就求她帮帮我，让我早点儿有个孩子。胡医生让我放宽心，先养好身子，她会尽心给我治疗。

第二次去找胡医生，她开始给我调理身体。看完病，她请我去她家里做客，让人给我包饺子吃。临走时，她给了我一大包补品。我不好意思收，她生气地说："我家里不缺这些，你吃了也比我吃更有用，拿着！"

从那以后，胡医生的家就真成了我的家了。

更令人不可思议的是，每到我来例假的时候，她就准时打来电话，根据情况调整用药。生理周期我自己有时都记不住，胡医生怎大岁数，每天看几十个病人，她却能准确地记住！能记住这种事，往往只有自己的娘。所以，每次见到胡医生，我就像见到自己的亲娘一样，总想喊一声娘。

经过胡医生的精心治疗，3年后我生下了7斤9两的大胖儿子。

有了自己的孩子，生活也一天天好起来了，我们家里准备把住了几十年的老房子翻新。盖房子是花大钱的事儿，那段时间我压力很大，去看望胡医生的时候，不经意就说出来了。

没过几天，胡医生打电话说找我有事，让我过去。到了之后，她也没有跟我多说啥，就让我用轮椅推着她出去走走。一路上她指挥着我左转右转，最后来到了一家银行。老人家取了1万块钱，一把塞到我怀里说："闺女，盖房子可是个大事儿，得花钱，你别太忧虑了，这点儿钱你就拿着。"

我真吓了一跳。这平时再怎么走动，毕竟也是非亲非故的。而且我知道老人家的钱大都捐出去了，她自己生活节俭，平时一个苹果都分成两半吃，这说不定是她养老的钱。这钱，说啥我都不能收！

见我不要，胡医生生气了："你这闺女啊，我又不是不知道你家的条件，盖房子是一辈子的事儿，让你拿你就拿着，不拿我就不认你这门亲戚了。"

最后，她硬是把钱塞给了我，然后笑呵呵地说，走，咱们回家。

看着她很轻松的样子，我的内心却像滚水一样翻腾着。我心里在想，除了娘对闺女，还有谁能这么贴心？胡医生，您就是俺的娘！

这声"娘"，我最终没有当着老人家的面喊出来，竟然成了我终生的遗憾。

这么多年来，我去看望胡医生，从来没有给她带过像样的礼物。

需要花钱的东西，她从来不让我带。只有那些从田间地头挖的野菜，她见了高兴，说"这个好啊，绿色、纯天然"。

今年春天，麦子长势喜人，地里一片绿油油的，连野菜也长得比往年旺盛。清明节前，我带着孩子，挖了些面条菜、荠荠菜。我对孩子说："你要记住啦，这些都是你胡奶奶爱吃的野菜。要是没有胡奶奶，就没有你。往后，每年这个时候，咱们都要挖些野菜，给你胡奶奶送去。"

我从两篮野菜中，一棵一棵挑出长得齐整的，洗净捆好，清明节这天，带着孩子来到黄河边胡医生的墓前，把野菜供上，扑通一声跪下："胡医生，娘，闺女看您来了！这么多年来，我没能叫您一声娘，您待我比亲娘还亲。"

娘啊，您的闺女永远忘不了您！您的病人也永远忘不了您啊！

我的前辈胡佩兰

各位领导，朋友们，大家好！

我是陈启明，副主任医师，是胡佩兰主任生前所在的郑州市建中街社区卫生服务中心主任。

胡主任离开我们已经两年了，我总觉得她还在，每天正和我一样坐在自己的诊室里，认真看着每一个病人。

在我眼里，她是老师，是前辈，更是一位妙手回春的大医。

28年前，胡佩兰是郑州铁路中心医院妇产科主任。听说胡主任退休了，我不由得想，胡主任这样的大专家要是能来我们这儿，我们的发展就有了希望。我赶紧登门，恳请她到我们这里坐诊。

胡主任问我："你请我去，目的是啥？"我说："请您去给人看病，指导我们的工作。"胡主任说："要是叫我去看病，我就去；要是叫我去挣钱，那我就不去了！"我毫不犹豫地说："保证只让你看病，不让你操心别的事儿。"

也许是我的诚心打动了她，胡主任同意了我的邀请。我们社区卫生服务中心是由解放军3519工厂职工医院转型过来的，20世纪90年代胡主任来我们医院工作时，医院仅有23名医务人员，只为企业内部职工服务，妇产科只能看一般的常见病。

胡主任到医院后，妇产科的技术水平一下子上了几个台阶，各种妇产科疑难杂症都能治了，就连以前想都不敢想的子宫全切手术，都开展起来了。

"大庙靠庙，小庙靠神。"请来了胡主任，使我们这个"小庙"焕发了新的生机。我们全院职工从内心感激敬爱的胡主任！

郑州市建中街社区卫生服务
中心主任陈启明

　　2007 年，3519 工厂破产，医院拆迁，我当时压力很大。在医院生死存亡的关键时刻，我把困难告诉了胡主任。我说："胡主任，医院现在连工资都发不下来了，我真不想干了。"胡主任鼓励我说："别放弃，只要病人来，咱就要坚持下去；只要能给病人看病，我就永远跟着你。"

　　有了胡主任的这句话，我信心百倍。就这样，我们靠租来的房子组建了我们现在的中心。转型后，在胡佩兰主任的感召下，我们的队伍不但没有散，反而增加了一倍，业务科室比以前增加了 5 个，公共卫生服务年年受到上级表彰。

　　直到现在，我常感叹：能与胡主任共事 20 多年，真是我一生最大的荣幸！

　　胡主任让我们中心生机勃勃，更让无数病人重回生命的春天。

　　我记忆最深刻的是 1990 年的一天，听说胡主任收了一位宫外孕病人，就跟她一起到病房查房。因为宫外孕是妇科很危险的疾病，一旦大出血，随时会有生命危险。

　　刚到病房几分钟，我就发现病人红润的脸庞开始变白了。我赶紧问胡主任："是不是大出血了？"胡主任说是。

我的心立即提到了嗓子眼儿，对胡主任说："主任，转诊吧！"胡主任却很严肃地对我说："转诊来不及了。准备手术！一切责任，我承担！"

我被她敢于为病人承担风险的精神震住了，立即通知麻醉师，让病人进手术室；同时抽血化验、配血。当我把病人的腹膜切开时，鲜血哗地涌出来，我急得满头大汗。

就在那一眨眼的工夫，胡主任从容地把手伸进病人腹腔里，果断地对我说："捏住了，抽血吧！"

原来，她在血呼啦的腹腔里，一下子就捏住了输卵管上的出血点，止住了出血。

抽出 1500 毫升血后，恢复了手术视野，破裂的输卵管缝上了，血压升上了，一条年轻鲜活的生命保住了，我的心也落地了。

事后，我充满惊奇地问胡主任："您真神奇啊，看都不看，上去就把出血点捏住了。"

胡主任说："住院时我给她检查过了，知道宫外孕在哪一侧。"

这时，我突然想起妙手回春这个词。原来，这个词的背后，不光有对病情的精确掌握，有娴熟的手法，有当机立断、临危不乱的镇静，更要有一个敢于为病人承担风险的决心！

正是因为胡主任精湛的医术、高尚的医德，一传十，十传百，很快，病人越来越多。为了满足病人的需求，她从每周坐诊 5 天改成了 6 天，平均一天看 30 来个病人，最多一天看了 70 多个。

胡主任走了，她把我们中心引向了光明的前景；胡主任走了，却在病人心里留下了永远的温暖；胡主任走了，她的事业却有了传承人，她的学生、她的儿子——著名的心血管内科专家胡大一教授，以及更多的志愿者汇聚在"胡佩兰爱心诊室"，传承着老主任的医者仁心，探索社区心脏病患者康复之路。

曾经有记者问我，为什么胡主任这一辈子心里只有病人，又是什么力量支撑着她干到98岁，我当时没有答案。直到陪胡主任接受"感动中原"人物颁奖，听到她跟敬一丹的对话时，我才恍然大悟。敬一丹问她，年轻的大夫第一课应该上什么课，胡主任说："医德，道德的德。"

大医有魂，生生不息。胡主任在我们这里一干28年，直到生命最后一刻。我今年64岁了，还没有退休，也准备像胡主任一样，干上一辈子！

我的老师胡佩兰

尊敬的领导，各位朋友，大家好！

我是胡佩兰的学生唐利平，我给大家报告的题目是"我的老师胡佩兰"。

两年多了，每次打开手机，看到手机屏保上和胡佩兰老师的合影照，我的鼻子总是酸酸的。

那是8年前我和老师在照相馆拍摄的唯一一张合影照，我的老师特意让照相馆师傅在右上角写了4个字——"师徒情深"。

每次看到这张合影照，我就想起了老师一辈子为病人燃烧生命的人生轨迹，想起了她对我们的期待和祝福！

为病人燃烧生命，那是只有18岁的我第一次见到老师就聆听的教诲啊！

28年前，我刚刚大学毕业，经人介绍想拜胡佩兰老师学习。让我惊讶的是，第一次见到老师的那个上午，她一共看了46位病人，都是直呼名字，直接问病情变化。

大概看了30位病人的时候，已经12点多了，我看到老师突然间好像想起了什么，顺手就抓起了电话，想也没想就拨通了："小陈，你媳妇大出血昨晚止住后，还有没有反复？今天咋没有来复诊呀？"这中间胡老师还连续打出两个电话，都是询问病情的："小方啊，我前天让你来复查，怎么今天还没到？""雷双，我让你吃的药管用吗，肚子还疼吗？"

让我感叹的是，胡老师在拨打这3位病人的电话时，不需要借助电话本，她是直接将他们的电话记在了心里。

后来我才知道，这是老师看病的基本功，只要是来找她看过病的，她基本上都能一次记住名字甚至电话，常常顺手打起某个病人的电话叮嘱一番。

老师虽然记住了好多病人的电话，但是她最亲近的大儿子胡大一的电话，却常常记不住，每次打电话都得让我们帮助查一查。

为了每天能在8点半赶到诊室，老师常常5点就开始起床，洗洗涮涮，简单吃点儿饭，就开始窝在沙发上，紧盯着沙发旁的电话。她和司机约定，只要电话铃响3声，她就下去。

老师常常不等响3声铃。只要电话铃声一响，本来还在沙发里虚弱无力的她顿时来了精神，二话不说起来就向楼下走去。

不管刮风下雨还是下雪，老师总是雷打不动地5点起床，7点半就等着接电话。我们有时候劝她："天气不好，年轻人都不想出门，您还是别来了。"老师一听就生气了："这样的天气，病人还来找，说明他们很着急，我咋能不去呢！"

也只有忙碌了一天，再没有病人等候时，老师才会叫上我们："病人看完了，咱们回家吧！"

这就是我的老师！她始终燃烧生命，把最炽热的光洒向患者，济世救人。

最近几年，毕竟是90多岁的老人了，每次给病人治疗、做检查，老师总要费很大的劲儿。我们劝老师，能不能由我们来做这些检查，老师说，病人大老远跑来，由我来做检查，心里有底，对得起病人！

18年前，老师只身上门给一位病人看病。在看完病下楼梯时，她不小心滑倒了，摔断了3根肋骨。老师一声不吭，悄然叫了辆出租车，自己去了附近的医院治疗。

胡佩兰的学生唐利平

肋骨骨折后，老师在医院一住就是1个多月。80多岁的高龄，日渐消瘦的身体，再加上肋骨疼痛的折磨，那1个多月里，老师常常痛苦呻吟着，身子蜷缩成一团，将我们的手臂抓得生疼。可是一有病人打听着来找她看病，说也奇怪，刚刚疼得喊出声来的老师，马上平静下来，忍痛坐起。

有一次，老师疼得脸都白了，浑身被汗水湿透，我们正手忙脚乱地照顾她时，她猛然间坐了起来，将我们吓了一跳。抬头一看，原来是一位老病号海荣妈找来了。

"海荣妈，我上次交代你做的药粥喝了没有，肚子还疼不疼？"这个时候的老师容光焕发，一扫刚才痛苦的模样，说起话来铿锵有力。护士都来催着上药了，海荣妈仍然没有要走的意思。我忍不住了，就想催海荣妈快点走。老师却幽默地说："病人就是我的止痛针，她一走，我又该疼了！"

近10年来，老师患有多种疾病，腰痛、骨质疏松，腰间还常常缠着30厘米宽的钢板。2009年11月郑州下了一场雪，积雪足有几十厘米厚，我知道照着老师的脾气，"别说下雪，就是下刀子"，她也要照常去坐诊。7点半我匆忙赶到老师家里时，保姆已经用轮椅推着老师出门了。我们在厚厚的积雪上艰难地行走着。有些好心人说："这么冷的天，你们推着这么大年纪的老人在大街上，这不是让老人受罪吗？"老师听到后声音洪亮地说："没事儿，没有孩子们推我出来，咋能看到这么美的雪景啊！"

他们哪里知道，老师是去给别人看病的，她从来就没有顾及自己的身体。

刮风下雨的时候，有时司机去晚了，老师就会叫上保姆，一块淋着雨、顶着风到医院去。

又有多少次，老师下班后刚上车，正好有人来看病，她马上折回，再次换上白大褂。有一天，她在路上一连碰到3个来看病的，就往返了3趟。每当这时，她总会歉意地对我们说："病人看完了，咱们回家吧！"

这就是我的老师，她始终在燃烧生命，把最后一丝光亮献给病人，无怨无悔。

28年来的言传身教，28年来的谆谆教诲，让我在很早的时候就下定决心，一定要陪着老师走完人生最后的征程！

我更忘不了自己因病住院期间老师带来的鼓励与温暖。

2013年4月，我住院做了手术。老师听说后，专门让保姆推着她，走了三四里地来看我。要知道，老师已经是97岁的老人了，身体还十分虚弱，瘦得还不到80斤，每天就吃几个鸡蛋大的、烤焦的包子。那天，老师坐在我的床边，语重心长地安慰我说："别心急，既来之则安之，出了院就能上班了。你就安心当个好病人，体会体会生病住院的滋味，将来就会更好地为病人服务了。"

回想起28年前，第一次见面，老师就嘱咐我："要是只想着挣钱，就不用跟着我了；要真想着学医、治病救人，就留下来！"如今，老师仍然在叮嘱我，要将病人的大小事都放在心上，用一生的心血燃烧生命、治病救人。

怎么也想不到，我出院不久，老师就走到了人生最后的时刻。那两天，老师茶饭不思，身体极度虚弱，我们向她提起很多话题，都没有什么回应。但是一说起病人病情或哪位病人来看她时，老师马上来了精神，那认真劲儿让人看不出有丝毫异样。当我去看她时，还没说上几句，她就催着我走："赶紧走，赶紧走，医院有病人等着呢！"

弥留之际，老师双手摸摸索索地拉过来床边的白大褂，捋了捋两边的衣袖，将两支胳膊伸出来，示意我们给她穿上。

老人家在世上最后一句话还是："病人看完了，咱们回家吧！"

春蚕到死丝方尽，蜡炬成灰泪始干。这就是我的老师，用她98年的岁月，诠释了何为治病救人！这就是我的老师，在生命的尽头，唯一能给她慰藉的、心里仍然想着的，还是她的病人！

"病人看完了，咱们回家吧！"我多想再听到这句话，多想每天陪着老师，一起看完最后一个病人！

我的感动：胡佩兰

各位领导，朋友们，大家好，我叫张晓华，是医药卫生报社的记者，我报告的题目是"我的感动：胡佩兰"。

作为一名新闻记者，我报道了许许多多难忘的人和事，但在采访报道胡佩兰时，不仅让我难忘，更是让我接受了一次次心灵的震撼与洗礼。

"一位96岁的老医生，每周还坚持坐诊6天；她挣的钱不多，却大都捐给了希望小学。"当一位朋友无意中说起这位老人时，职业的敏感告诉我，必须让更多的读者认识这位好医生。

2012年5月8日早上8点多，我来到郑州市建中街社区卫生服务中心。穿过狭窄的走廊，来到最尽头处的妇科诊室。这时，我看到候诊的患者不下十几人！

一间不到15平方米的诊室里，木凳和诊断床上坐一排，墙边站一溜儿，那么多候诊的患者，却依然能保持一种安静有序、一种肃穆庄严。这一切，都因为这里坐着一位特殊的医生。

瘦小的胡佩兰老人依墙而坐，满头白发，但浓密、有光泽；厚厚的老花镜片后，一双眼睛炯然有神。跟患者交谈时，她神情专注、反应灵敏、声音洪亮；写病历时，她一笔一画，字迹工整。

她的动作是那么的慢，却又是那么的认真！

没人大声说话，胡佩兰老人的声音，始终是诊室里最响亮的。我没有打开相机，而是站在一旁，静静观察着。

这时，有病人需要做妇科检查，以确诊病情。老人的右手放下笔，撑着诊桌边沿儿，扶着椅背，缓缓起身。然后，她用手扶着腰、

医药卫生报社记者张晓华

扶着墙，推开检查室的门。人进去，门又合上。

后来我才知道，由于她患有严重的骨质疏松和腰椎间盘突出症，腰部要靠缠附的钢板来支撑，起身、弯腰、落座，每一个看似简单的动作，老人都是忍受着剧烈的腰疼来完成的。她从不让别人搀扶，也从不让学生替她完成检查。

我惊诧了！这是一位96岁的老人吗？不，她像一尊雕塑，更是一个奇迹！

在中国历史上，近百岁还在行医的人寥寥无几，女医生更是绝无仅有。我一下子被胡佩兰老人征服了，想进一步走近老人灵魂深处的冲动油然而生。

于是，我离得更近一些，进一步观察老人是怎么看病的。我目不转睛地看她诊断了七八个病人。她问诊问得很仔细，病人的生理周期情况、分泌物情况，任何蛛丝马迹都不肯放过；病人口述的症状，她不放心，一定要亲眼验证。她提醒多次人流的病人："做流产多了不好，知道吧？少做流产，尽量采取避孕措施。"她叮嘱不孕的少妇："别到处听信专治不孕不育的广告，有钱没地儿花了那是。"对需要到大医院做进一步检查的患者，她细心写好地址，一再叮嘱着病人。

在胡佩兰老人的病人里，有坐高铁来的，有坐飞机来的，最远的来自新疆和广州，病人的路费往往比药费都贵得多。从8点半到1点，老人一上午没喝一口水，没上一次厕所，一共看了36个病人，一口气工作了四五个小时。

胡佩兰老人常常告诫她的学生说："病人大老远跑来，找不到你医生，那怎么行！只能让医生等病人，不能让病人等医生。医生的职责就是看病，没有了病人，你还当什么医生？！"

胡佩兰老人看了一辈子病人，一直看到了96岁，还在坚持着看病人，因为老人知道，她自己是一名医生！"没有了病人，你还当什么医生！"

多么可亲可爱可敬的老人啊！

当天下午3点，我如约来到老人家里。她的家具是老式的，椅子背上斑驳一片，看上去很是破旧。一看家里的摆设，就知道老人的生活简朴。

保姆偷偷地说，这老太太真够抠门的。舍不得浪费一个馍，舍不得多买一棵菜，剩菜剩饭从不扔。吃剩的馍馊了咋办？切成片儿，在微波炉里烤烤。她一边乐呵呵地吃着，一边念念有词：一个好好的馍，扔了多可惜！你看，这烤馍片儿黄灿灿的、焦酥酥的，多好看、多好吃啊！

谁能想到，这样"抠门儿"的老人，来看病的人没有带够钱，她二话不说，总是慷慨解囊。年轻时候，她不光借给病人钱，锅碗瓢盆、油盐酱醋等，都拿到医院，借给病人使用。

有一次，她的爱人李公恕先生出了远门，她自己带着孩子在家做饭。要下面条时,才想起昨天把锅借给了一个病人。没办法,就让孩子去邻居家借了口锅。面条下好后,她发现成了一锅粥,百思不得其解,找邻居一问才知道,原来,面条应该用滚水下。

胡佩兰一辈子对自己的日常生活并不经心,对病人却满腔热诚。她常说,病人本来就心情不好,如果医生不用情、不用心,那不是雪上加霜吗?

李公恕先生与胡佩兰医生恩爱一辈子,他一直支持理解妻子,很少有什么埋怨话,但李公恕先生临终前还是说了最后一句抱怨话:"你能不能把花在病人身上的精力,拿出一点点给我和孩子们!"

每每讲到这些,胡佩兰老人眼圈红了,心里满是愧疚。她喃喃地说:"我对不起老伴儿和孩子们啊!"她又说:"病人多痛苦,多需要医生啊!在我心里,病人比健康人更需要我。"

在胡佩兰老人的眼里,病人是最重要的!她爱病人甚过爱自己,爱病人甚过爱亲人!

光帮病人,她还嫌不够。2001年春天,已是85岁高龄的胡佩兰听说共青团郑州市委招募青年志愿者,她热血沸腾,"报个名试试,做好事又不是年轻人的专利"。得知她是个八旬老太太,工作人员婉言谢绝了申请。老人据理力争,终于如愿成为郑州市第一批注册青年志愿者,也是史上年龄最大的"青年志愿者"。

2003年,她在报纸上读到一篇有关贫困地区孩子教育问题的报道,决定要帮帮这些孩子。她用信封包了1万元钱,送到共青团郑州市委希望工程办公室,想用这笔钱建5个希望书屋,让贫困的孩子有书看。从此,她每年都要省出1万块钱捐给希望工程,至今已经捐了50个希望书屋!

　　结束这次让人受益终生的采访，告别胡佩兰老人时，她拉着我的手叮嘱："人活着，要对别人有用。""做力所能及的事儿，别嫌事儿小！"

　　"别嫌事儿小！"胡佩兰老人曾经是1944年的本科生，全国劳动模范，三甲医院的大专家，却在最基层的社区一干二十几年，一直到生命的尽头，她用一生身体力行着这句话。淡泊名利、宁静致远；大医博爱、济世救人。在五味杂陈的时代变迁中，这株芷兰美丽一生，芳香四溢。

　　回到报社后，我先后深情撰写了《仁术引来"回头客"》《胡佩兰：永远在路上的医者》等报道，刊发在《医药卫生报》《健康报》上，在行业内外引起了强烈反响。后来，多家媒体相继开始关注，胡佩兰这个名字走进越来越多人的心里。

　　2014年1月22日上午，我正在写一篇报道时，接到了陈启明主任的电话，他沉痛地告诉我，胡佩兰医生于清晨6时平静逝世。生命的最后时刻，她依然在平凡的工作岗位上，忠诚履行一个医务工作者的神圣职责。

　　轻轻的，她走了。她的精神、她的芬芳却留给了这个时代，感动了病人，感动了中原，感动了中国！

我的母亲胡佩兰

各位领导、朋友们，大家好！

我是胡佩兰医生的长子胡大一，今天，我向大家介绍一下我的母亲胡佩兰。

母亲离开我们已经两年了。2014年1月22号清晨，从弟弟的电话得知，母亲晨6点辞世，我悲痛的眼泪夺眶而出。3天前，母亲还在北京接受中央电视台"感动中国"人物采访，和白岩松先生谈笑风生。怎么走得这么突然？

我总觉得，母亲能活过百岁，我还有时间，把老人家接到北京住一段儿，尽尽当长子的孝心。而母亲却在98岁永远离开了我们，给我留下的是无尽的思念和永久的遗憾。

我母亲这辈子，最离不开的，是她的病人。

我已在北京生活近50年，而母亲来北京的次数却屈指可数。接受"感动中国"采访的这三四天，是她老人家在北京停留时间较长的一次。以前母亲来北京，大多是来去匆匆，说在北京住不惯。其实我知道，她是离不开自己的工作和病人！

我跟她说过好多次，把社区的工作放放，跟我来北京。母亲总说，不管在哪儿，总得有个为患者服务的地方，我都90多岁了，到北京不好找工作；我还干得动，工作了一辈子，看了一辈子病，能干一天，就为病人服务一天。

两年前的一个早上，母亲突然打电话给我，说她想好了，再干两年，干够70年，真的干不动了，就彻底退休，来北京找我。

胡佩兰的长子胡大一

我心里明白，这是母亲的心里话。我离开家早，陪母亲的时间少，每次我回郑州，她都想让我多得会儿，陪她说说话，哪怕是一个小时。只要在郑州过夜，一定让回家，在她卧室里支个折叠床多陪陪她。我同时也知道，只要她在郑州有病人，她还能为病人看病，她就永远不会来北京。但我还是等着她老人家，来北京安度晚年。可现在等来的，却是她突然去世的消息……

从我记事起，母亲的生活就离不开给病人看病。听到周围的人说母亲最多的一句话就是："她对病人是真好！"我一辈子没见母亲对病人发过脾气、对病人失去过耐心。

母亲1916年出生在河南汝南，1944年毕业于河南大学医学院，在医生的岗位上一干就是70年，为关中、荆楚、中原大地四代患者服务，经她接生的婴儿6万多。

在郑州铁路中心医院妇产科主任岗位上32年，母亲坚持常态备班几十年。当时的郑州铁路局管辖范围南到武昌，西到西安，北到安阳。这么大的区域，只要铁路女职工难产，各分局医院有疑难危重急症或大手术，无论酷暑寒冬，狂风暴雨，不分昼夜，病情就是命令，母亲都是立刻出发。遇到大手术，她常常十几个小时下不了手术台。那时家里没有电话，医院传达室值班人员从总机接到急诊后，隔着家属院的院墙就喊："胡主任，有急诊！"静静的夜晚，偌大的家属院，家家都能听到那熟悉的喊声。从我记事到离开郑州去北京医学院上学，不夸张地说，很少看到母亲在家里睡个安生囫囵觉。

即使在"文革"期间，母亲遭受冲击，被强制打扫厕所的时候，一旦遇到危重病人、大手术需要她，她二话不说还是立即上手术台，从不计较个人得失，不推卸责任。

刚开始，我真的不理解，直到后来自己也成了一名医生，才真正理解了母亲。选择了医生职业，就要时刻想着病人；当医生，就要心里装着病人！

母亲经常对我说，医生是个责任活。做医生要担得起责任，对得起病人的信任，为病人争取生命机会。何况母亲经常面对的是母婴两条生命的挑战！为了病人，母亲甚至顾不上自己的安危，也顾不上自己的家人。

那是 1947 年的夏天，母亲在潢川行医，身怀六甲。遇上信阳的一个难产产妇，病人家属万分焦急地来向她求救。她不顾自己身子的不便，跟着病人家属紧急赶往信阳。当时正下着瓢泼大雨，道路非常泥泞难走，汽车翻倒在路边，忙乱中，穿着长筒胶鞋的司机不留神脚蹬了母亲腹部。母亲忍着剧痛，坚持抢救处理好病人，母子安全了。可母亲回到潢川的当天夜里，不足 7 个月的二弟早产诞

生。早产的弟弟没有吮吸反射，不会吃奶，母亲就用滴管一滴一滴
地往弟弟嘴里滴乳汁和营养液，这样，才把二弟喂养大。

1949年武汉解放，母亲当时上有老母，还带着3个年幼孩子，
我刚满3岁，三弟心一才两个月。父亲又作为第一任武昌铁路医院
院长，忙于筹建医院，母亲不顾军管会领导的劝阻，积极投身于救
治解放军伤病员工作。父亲、母亲和其他3名医务人员不分昼夜地
工作，成功救治200多名伤病员。时任衡阳铁路局局长、后任铁道
部部长的郭维城同志高度赞扬母亲："干活不惜力气！"

"干活不惜力气"这真是对母亲一生最准确的描述与评价。
1951年，母亲被评为全国首批铁路系统劳动模范，到北京参加国
庆观礼，受到周恩来、朱德等党和国家领导人的接见，邓颖超同志
还亲笔为母亲题词。

母亲热爱医生职业，热爱临床工作，她没有当过学会主委，也
不是博士生导师，她把一生的精力都投入了她热爱的临床工作，她
把一生的时间都留给她时时牵挂的病人。

母亲当了一辈子医生，坐诊时，始终坚持不看完病人不回家。
她从来不允许自己的亲属在她给病人看病时打扰她。2013年3月
29号，是母亲97岁的生日，我专程回到郑州看望她。她让我直接
到社区服务中心，说等她看完了病人再一起回家。中午12点多，
母亲看完了最后一个患者，她像往常一样对学生们说："病人看完
了，咱们回家吧！"

这是我第一次也是唯一的一次亲眼目睹母亲在社区卫生服务中
心为患者看病的情景。她97岁高龄，身患心房颤动，严重腰椎疾病，

每日进食很少，营养跟不上，低蛋白血症，下肢严重浮肿。她常年坚持每周出诊 6 天。我比她年轻 30 岁，每周坐诊 4 个半天，每个半天大约看 20 到 30 个患者。我大多数时间是坐着为患者看病，工作到下午 1 到 2 点，常感身心疲惫。而妇产科是个体力活，母亲每天 8 点至下午 1 到 2 点平均看 30 多个患者，每看一个患者，都要艰难站起，扶着桌面、椅背、门框，一步步挪动着瘦小的身躯，进诊查室，亲自为每位患者做妇科检查，再挪动走回诊室坐下，记录检查结果，从不让人搀扶，不让人替代。我深深为母亲的职业精神所感动，也十分心疼年迈体弱的母亲，触景生情，有感而发，写了篇微博，当日点击转发数万次。

"病人看完了，咱们回家吧！"这是她每天结束坐诊时说的话，也是她留给人间的最后一句话，不看完每天的最后一个病人，她绝不回家。最难能可贵的是她几十年的坚守。 这简短的话语体现了她对自己医生职业的无限热爱，对自己服务一辈子广大患者的牵挂，对她工作奋斗了 70 年的救死扶伤工作阵地的恋恋不舍。

母亲常说，当医生看病人要情感投入，要将心比心。要同情患者的疾苦，尊重患者的感受。换位为患者着想，看病要把心掏给病人，病人也会将心比心，理解咱们医生。

"情感投入，将心比心。"母亲这朴实的话语，正是我学医行医路上的指路明灯。

母亲更让我尊敬的是，她对病人的好，不是一种居高临下的俯视或恩赐的态度，而是对病人的责任心和爱心；而且她特别强调，患者不仅仅是医生服务的对象，也是医生学习提高医术的良师益友。

她常对我说，病人是咱医生的老师。医生是在为病人服务的过程中才学会看病的。为每个病人看好病，才是咱们医生职业的价值体现。

去年夏天有一天，母亲出完诊回到家，已是下午两点多了。弟弟胡心一看到母亲还没吃午饭，一进门就埋头在小本子上写东西，他就问母亲，写什么呢？母亲说，上午看了一个比较特殊的病例，要写一遍，记下来，加深印象。

母亲常说：当医生必须活到老学到老，与时俱进，这样，当医生才称职，才不会落伍。她生活俭朴，几乎把所有的业余时间都专注于读书和学习。她在大学学习的外语是德语，工作后，开始自学俄语，并翻译完了厚厚的俄语妇产科教科书。1976 年，60 岁的母亲开始学习日语，并参加了铁道部在哈尔滨举办的日语培训班，在结业考试中，她考了全班第一名。90 多岁高龄的母亲，仍常年坚持订阅妇产科专业杂志，常学常新。

母亲时时刻刻提醒我、鞭策我，当医生就要尽职、尽责、尽心！母亲对我开展健康教育、投身心血管疾病预防康复事业、推动爱心工程救助贫困先天性心脏病、旗帜鲜明地反对过度医疗和探索"双心"医疗服务模式给予热情鼓励和高度赞赏，全力支持。母亲对病人的一腔赤诚之心，她的医德、医风和职业精神诠释了"大医精诚博爱天下"的真谛，也是留给我最宝贵的精神财富。

母亲经常说，医生是有博爱精神的职业，学医的第一堂课是医

全国卫生计生系统先进典型事迹巡回报告

德课。她说，选择了医生就不能图发财；办医院不能总想着挣钱！她长期坚持两元钱的挂号费；坚持在保证疗效前提下开便宜药，绝不开疗效不确切的药，不开患者不必要的检查，让经济上那些还不富裕的患者也能看得上、看得起、看得好病。她认为开大处方，开贵药，开不必要的检查，对不住病人，也愧对医生的良心。

正如"感动中国"对母亲的颁奖辞所说的那样，"她看的是病，救的是心；开的是药，给的是情"！

下面请看 2013 年度中央电视台"感动中国"十大人物颁奖典礼上，为我母亲颁奖的视频。

"感动中国"颁奖典礼录制完成 3 天后，母亲就永远地离开了我们。母亲走得突然，但平静、安详、尊严。

母亲去世后，数百万网友在网上点燃蜡烛，寄托哀思。我的好朋友、作家刘齐发来唁电：以往闻听亲友和长者逝去，我们常说的是节哀，现在我们最想说的是"感动"！感动老人灿烂的一生。环视宇内，还有谁能用七十载春秋为人类迎来四代历史、六万生命？四代会成百代，六万会成无数。在这辉煌的演进中，佩兰老人如同德兰修女得到永恒！

亲爱的妈妈，我们永远热爱您！怀念您！传承您的精神，向您学习，做对得起病人、对得住自己良心的好医生！

附二：

歌曲《仁心》

青年歌手陈红松，感动于胡佩兰精神，创作了歌曲《仁心》，用音乐诠释大写天地的仁爱之心。

陈红松谈创作灵感：感动中国的年度人物胡佩兰用精湛的艺术和高尚的情操，奉献了一生。98 岁高龄依然为群众看病，谱写了一曲大爱无垠的人间主旋律，就让我们用音乐来诠释这一颗大写天地的仁爱之心。

谨以此歌献给人民心中的仁心医者胡佩兰女士

作词/演唱：陈红松　　作曲：宋清安

你是那春风里　暖暖的温馨
是那细雨中　甜甜的甘霖
你是那天空上　白白的云朵
是那大地上　静静的沙尘
啊——你用仁心暖人心

啊——换来了永恒的青春——

你是一个

一个平平凡凡的人

可你有着一颗

一颗炙热滚烫的心

你是一个

一个平平凡凡的人

可你有着一颗

一颗大爱无垠的心

你是那大海里　浪花的轻吟

是那高山上　雪莲的纯真

你是那人心中　伟岸的丰碑

是那世界上　可亲可敬的人

你是一个

一个平平凡凡的人

可你有着一颗

执着坚定的心

你是一个

一个平平凡凡的人

可你有着一颗

一颗大写天地的心

附三：

兰颂

胡佩兰老人的离世，使很多人陷入了久久不舍与心痛中。

胡佩兰在人生的旅途中，为他人、为社会树起了一座丰碑。"医生奶奶"虽然去世了，但是，她的风范长存，她的精神永恒，她的崇高品质激励着人们沿着她的足迹继续前行。母亲的公益行动，也让胡大一更加执着于自己的医学公益事业。他巡诊、坐诊，并在河南老家，乃至全国开办"爱心门诊"。他说，他要做四件事：讲健康、做预防、走基层、扶民营。"医生奶奶"的同事、学生在自己的岗位上日复一日地坚守，被感动的中国人也在默默地前行。

河南大学中文系毕业生杨艳梅看完老校友的事迹，泪流满面，饱含深情地写下了《兰颂》，以表达由衷的崇敬和深切的哀思。其颂曰：

秋兰麋芜，罗生堂下。

绿叶素华，芳菲袭人。

神州博大，唯有其女。

江离辟芷，内美修能。

秋兰青青，绿叶紫茎。

荷衣蕙带，乘风载云。

望舒为驱，继以日夜。

心之所善，周流辰星。

采之为佩，植彼中阿。

长剑拥幼，苍穹抚慧。

熟是幽质，乾坤为室。

厥美弥嘉，宜为民正。

兰之猗猗，扬扬其香。

鹈鴂先鸣，百草不芳。

树椒百亩，滋兰九畹。

仁医之风，山高水长。

附四：

献给妈妈胡佩兰的歌
——观 2013 年度感动中国颁奖盛典有感

李宁一   王   超

您最牵挂的是需要"感情投入"的患者，

您最不舍的是"老有所为"的阵地。

您是最老的"青年志愿者"，

您是最年长的坐诊良医。

您打破了"全国纪录"，

您创造了人间奇迹。

您留下一部浩瀚的"爱心辞典"，

您是我们锐意进取的思想武器。

您是一枚集聚"正能量"的高效电池，

您是一台不愿熄火的发动机。

亲爱的妈妈，

病人已经看完，

您在天堂好好安息！

附五：

悼念胡佩兰逝世一周年祭文

2015 年 1 月 22 日，胡佩兰去世一周年纪念日。

胡佩兰的家人、胡佩兰先进事迹报告团的成员、郑州市建中街社区卫生服务中心、郑州大学第五附属医院等单位胡佩兰生前的同事、朋友、学生、患者，来到胡佩兰墓前，沉痛祭奠伟大的母亲、老师、前辈、仁医。

祭文如下：

仁医佩兰，逝世周年；先进事迹，医者典范；
感动中国，传遍中原。
三岁丧父，母爱无边；战乱时期，颠沛流离；
求学女中，亲历惨案。
投身革命，创建医院；全国劳模，荣锦回还；
拜师名医，妇科领先。
"文革"受挫，意志愈坚；创办学校，坐诊社区；
甘为人梯，师徒情牵。

生活简朴，慷慨奉献；捐建书屋，义诊自愿；

子孙良教，香留人间。

九八高龄，医路不止；仁心仁术，大爱无边；

老骥伏枥，为霞满天。

技不在高，术不在巧；仁德为本，和谐医患；

值尔周年，吾辈悼念。

慎心凭吊，佑作标杆；传您精神，学您榜样；

扬您品德，习您风范。

病人第一，守护康健；有您同在，奋发有为；

医疗战线，再谱新篇。

2015 年 1 月 22 日

附六：

我的父亲李公恕

2016 年 3 月 29 日是我父母的百年诞辰纪念日。实际上，父亲长母亲一岁。父亲属大龙，母亲属小龙。1950 年上户口时，工作人员疏忽，把父母生日写成同一天了。父母"将错就错"，一致同意两人同年同月同日生。

父亲祖籍河南内黄，小时候家境已败落。他自幼随其叔父、我国著名水彩画家李剑晨专攻美术。后因生计放弃美术改学医从医。1937 年，父亲考入河南大学医学院，毕业后主修眼科。父亲比母亲高一届，两人在学校期间相识追求婚姻自由并自由恋爱。抗战期间，河南大学辗转流亡办学，父亲母亲在烽火中习医术，刻苦认真，成绩优异。1945 年抗战胜利，父亲与母亲在开封结婚。

父亲母亲一生恩爱，不离不弃。父亲一生关爱母亲，生活上帮助照顾，真正做到无微不至。在那时的家里，除了断断续续雇保姆或请我大姑来帮点家务外，母亲的生活起居，父亲事必躬亲，别人做他不放心。父亲写得一手好字，又自幼学过美术，这些本事经常用来帮母亲抄写文章与书稿。母亲晚年经常唠叨，她一生最感激三个人：第一是我父亲；第二是她小时同乡同学、亲如姐妹的魏俊明；第三个是自幼从家乡跟随母亲出来，照顾母亲和我们的张慧英（母亲的外甥女），我们叫英姐。这三个人使她可以潜心学业，专注工作；在我们的记忆里，母亲除了读书学习，没日没夜做手术、看病人，什么家务也不会，也不做；但家里家外，大事、大主意，却都是她拿。

父亲任劳任怨。无论家人外人，与父亲相处，都能感受他内心散发的热心善良，他也总是那么善解人意。每逢下大雪，父亲总是最早起床，把自家与邻居家的门前雪扫清——"自扫门前雪"不在父亲的字典里。小时候调皮，免不得与邻里孩子们动手动脚，父亲总教育自己的孩子，向邻里道歉。我们弟兄四人衣服鞋袜都是父亲买，父亲洗；买菜做饭，安排我们上学也都是父亲的事。

我们童年的乐趣几乎都是父亲给的。小时对母亲的印象就是忙、忙、忙，没完没了地忙。即使到医院等她拿钥匙回家，也是在她办公室写作业，见不到她人影。父亲不但带我们手工美术，也爱唱些抗日救亡歌曲，如《黄河大合唱》《你的家乡在哪里》《卖报歌》《毕业歌》《我们在太行山上》等，那可是他青年时代的音乐，他唱起来从不跑调。

父亲还是谜语对联能手，最喜欢有关"一"的字谜。认为"一"字简捷，"上不在上，下不在下，天无它大，人有它大"。我们弟兄四人都有"一"字，老三名心一，老四名如一，还拆分了父亲名字中的"恕"字。

父母期盼有个女儿，终未如愿。孙子辈中，长孙女是我女儿，父母取名"胡可"。三弟心一的儿子出生，父母取名"胡以"，意在男女孩都可以。

　　小时候，父亲还经常给我们讲故事，后来给孙辈讲，还说典故，说笑话。我记得最清楚的是，秀才清晨蹲茅厕时对对联，一位讲上联说，风吹屁股冷，一位对下联，坑深粪落池。

　　父母对子女的爱总是无私又无微不至。我小学直到五年级都是在武昌铁二小上的，小学一年级下学期，从学校借了本小人书，讲的是用自己的身体堵敌人碉堡枪眼的苏联卫国战争英雄马特罗索夫的英雄故事，和中国英雄黄继光一样的故事。回家不小心把小人书封面撕破了，心里很紧张，怕第二天还书挨批评。父亲仔仔细细补好了封面，还精心外加了一层漂亮的黄色书皮。第二天，我非但没有挨批评，还受到老师在全班的表扬。

　　让我永不能忘，至今历历在目是我高考那一天，父亲一早四点多就起床，熬好稀饭，炸好油条，为我备好早餐。高考结束，等待录取通知的一段时间真难熬，尽管最终出来的成绩是全省第一名，也是北医当年三系的最高分，公布前还是心中没底。又怕家庭出身影响录取，父亲就带我和弟弟们去北京游览，让我放松焦虑情绪。

　　20世纪六七十年代，肝炎流行，1973年我肝酶增高，父母听说了。春节回家与父母团聚，回京时父母给我两木箱子里面用草垫着装满的鸡蛋，说让我加强营养，养好肝脏。那时是计划经济，鸡蛋稀缺，凭票供应，父母把鸡蛋积攒起来舍不得吃，又花高价到自由市场买些，用粮、布票换了一些，好让不在身边的儿子养好病。

　　1976年唐山大地震，我在密云带教学，发生泥石流，我作为医生与共产党员，肯定要坚守岗位，抗震救灾。父母对刚二岁的胡可放心不下，马上派弟弟心一连夜来京把胡可接到郑州。

　　1980年我从西藏阿里医疗队回来，误了考研最佳时机，决定考试出国深造，想去美国，可中学大学都学的俄语，30多岁的人了，从字母开始学英文。父母对我出国一事极为上心，父亲买下用手摇的老式留声机和英文灵格风盘，后来又买录音机，亲自送北京，便于我学练英语。父亲知道我小时喜欢集邮，买了本精美邮册，装好我留在郑州家中的邮票一同带到北京，还给孙女胡可买了玩具。

父母一生都没走出过国门。父母河大毕业后，曾一起考取到荷兰留学的机会，但因战乱，更主要是当时我出生了，便打消了出国深造的愿望。父亲过世后，孙女胡可曾想陪奶奶去印尼巴厘岛看看，不料那年发生了巴厘岛的恐怖事件，没能成行。

父母80周岁结婚50年是在北京庆贺的。我陪父母一起看了长城、十三陵、天坛、故宫博物院、颐和园。这是1965年离家后陪父母最久的一次。

父亲善良、包容、忠厚、忍辱负重，又有点儿文弱。他一生坎坷，才华横溢，即使怀才不遇，仍兢兢业业做好每件工作。他不仅对母亲，对所有子孙三代都爱得深切。所有孙子孙女都十分热爱爷爷。

父亲本是个优秀的眼科医生，新中国成立初服从组织分配从政，任第一任武昌铁路医院院长。1955年，父亲调任郑州铁路局卫生处医疗预防科科长。1957年大鸣大放期间，他差点儿划为右派。当年铁道部政治部主任胡波等几位老干部对父母热爱新中国，拥护共产党的实情十分了解，力保父亲，才使他未戴上右派帽子，但被下放到三门峡工地工作，做基层医生，为工地民工看病。后来，父亲在运动中又被揪出来，说是内定右派；"文革"时被说成了"漏网右派"，不断遭受冲击。当初领导也曾动员母亲做行政，母亲坚持喜欢热爱临床工作而未从政。如果父亲当时也能像母亲那样坚持自己的专业，有可能是完全不同的人生。

　　父亲1960年到郑州铁路卫校（后改为郑州铁路职业技术学院）从事教学工作，教授人体解剖学。他心灵手巧，剪纸，做手影，用纸叠成多种动物，美术、书法都精通。年青时学画的经历，为他以后教解剖学打下了良好基础，他用铅笔、粉笔、钢笔画的肌肉、骨骼、神经和各种脏器栩栩如生，学校的许多解剖挂图都是他亲手画的。河医解剖教研组几次与铁路卫校商调父亲去河医，铁路系统都坚决不放，他也只好作罢。

　　父亲教学十分认真，一丝不苟，诲人不倦，对学生可蔼可亲。为了把黑板板书写好，他课后苦练粉笔字，深受学生爱戴。可学生们哪里知道，这位可敬可爱的老师，河大20世纪40年代的毕业生，竟连讲师的职称都没有，更不知道新中国刚成立时他就是副教授级校医。到了晚年，领导向他颁发讲师证书时，历来逆来顺受的父亲竟表现出罕见的愤怒。他当着学校领导的面，把职称证书撕成了碎片。

　　父亲过世，弟弟坚持单位在悼词中一定要有一句话："他该奉献的都奉献了，他该得到的都没得到。"我想，这更多指的是物化的东西。实际上，亲人、学生、同事、邻里，提起父亲，都异口同声地说，真是好人啊！一生与人为善，口碑自有流芳。

　　父母恩爱一生，但性格习性各异。母亲不仅是妇产科专家，内外妇儿各科也知识面广，还十分重视自我保健。她长年坚持留下每日喝剩的茶水刷牙漱口，补充有助牙健康的氟，直到98岁，她无一颗假牙或种植牙，一口原装，还不时磕磕瓜子。她两次被误诊为癌症，后又都自我排除，躲掉不必要的手术。她曾两次严重腰椎疾病卧床不起，靠琢磨中西医结合治疗，又神奇般站起，继续出诊。一次意外头部着地摔倒，她到医院观察后，自己判定无颅内出血，果断出院。父亲第一次卒中以呕吐为主症，被误诊为消化系统疾病，母亲果断判断为卒中，要求立即转神经科，才得以及时治疗。

父亲患高血压，糖尿病，吃药依从性极差，也管不住嘴。母亲十分为父亲的健康操心又担心，总是千叮咛，万嘱咐，告诫他好好吃药，控制饮食。母亲也实在太忙于工作，父亲对自己身体又太不经意上心，还经常趁母亲上班不在家，自己上街买吃的过瘾，导致几次卒中复发。最后一次到医院时无床位，住楼道加床，因吸痰不及时而窒息。他生前说过"宁愿疮流脓，不让嘴受穷"。我作为一名心血管医生，也没能好好帮上父亲，空留难以弥补的遗憾。

父母出生于民国初年，青少年时经历了军阀混战、抗日战争、解放战争，中老年经历了多次政治运动，退休后进入改革开放，他们经历了多少曲折磨难，总体讲又是幸福的。

人们常讲，一个成功的男人背后，总有女性无名英雄，我父母与此恰恰相反。为支撑母亲全身心从事医疗卫生事业，父亲总是默默奉献，倾注了他对母亲的深情厚爱，他是支撑母亲走向成功的无名英雄。

父亲的善良，母亲的刚毅自强，是我们最宝贵的精神财富。

胡大一，2016 年 3 月 12 日出差途中

附七：

胡佩兰年表

◎ 1916 年 3 月，出生于河南汝南县。

◎ 1937 年，考入河南大学医学院。

◎ 1944 年，从河南大学医学院毕业，毕业后在陕西富平行医。

◎ 1945 年，抗战胜利，回开封工作。和李公恕结婚。

◎ 1946 年，长子胡大一出生。

◎ 1947 年，河南潢川县医院行医。当年，次子李宁一出生。

◎ 1948 年，到湖北武汉开办妇科诊所。

◎ 1949 年 5 月，三子胡心一出生。

◎ 1949 年 6 月，在武汉参加革命工作，筹建武昌铁路医院。

◎ 1951 年 9 月，被铁道部评委"人民功臣""劳动模范"。参
   加同年天安门国庆观礼，受到周恩来、朱德等党和国家领导人
   接见。

◎ 1952 年，赴哈尔滨参加培训班学习。

◎ 1955 年，调至郑州铁路中心医院，任妇产科主任。

◎ 1956 年，四子李如一出生。

◎ 1956 年，翻译俄文版《妇产科学》。

◎ 1961—1965 年，连续五届郑州市二七区人大代表。

◎ 1966—1976 年，"文革"期间受迫害，坚持救死扶伤，巡诊。

◎ 1979 年，参加河南省九三学社。曾任郑州铁路局支社主委。

◎ 1982—1989 年，先后出版《遗传与优生》《围保与妇保》《农村妇女保健》《生殖系统疾病自我诊断与治疗》等著作。

◎ 1986 年，从郑州铁路中心医院妇产科主任岗位退休。

◎ 1987 年，创办胡佩兰妇产专科医院。

   退休后，在郑州建中街社区卫生服务中心工作 28 年，每周工作 6 天，直到生命最后一刻。

◎ 2001 年，注册为青年志愿者。

◎ 2004 年，每年捐资希望工程 1 万元建希望书屋。

◎ 2013 年，被评为"感动中原"十大人物；"感动中国"十大人物。

◎ 2014 年 1 月 22 日安详逝世。享年 98 岁。

参考资料

01.《固守医道的老式大夫》，陈璇，《中国青年报》，2013年04月17日第10版。

02.《张效房传》，张效房自述、张瑛整理，河南人民出版社，2010年版。

03.《仁医胡佩兰》，本书编委会编著，大象出版社，2014年版。

04.《抗日烽火燃神州 河大学府徙潭头》，记者孙自豪，见习记者姜春晖，通讯员马翠轩、时勇，《洛阳日报》，2011年1月10日～17日。

05.《河南大学校史（1912—1992）》，河南大学校史编写组编，河南大学出版社，1992年版。

06.《河洛春秋之民国人物王广庆》，孙钦良，《洛阳晚报》，2010年1月7、12、14、19日。

07.《百年记忆——河南文史资料大系》，毛德富主编，中州古籍出版社，2014年版。

08.《河南文史资料》，中国人民政治协商会议河南省委员会文史资料研究委员会编。

后 记

　　2015 年的 11 月，一个偶然的机会，我在洛阳见到了胡大一。我知道他是我国心血管领域的领军人物，也知道了他是 2013 年感动中国十大人物胡佩兰的儿子。

　　随后的交谈中，我惊异地发现，胡大一不仅医术精湛，还富于人文关怀，热心公益事业。这些，都和他的母亲胡佩兰极为相似。交谈得知，2016 年 3 月 29 日是他的父母诞辰 100 周年，他正在考虑为父母出版一本图书，反映父母一生潜心医术、仁爱行医的善举，献给二老，以寄托自己的思念之情。他希望郑州大学出版社能协助他实现这一心愿。

　　这当然是我们乐于为之的事情。回到郑州，我立刻着手整理书稿。胡佩兰家属和生前好友也爽快地接受采访，全力无私给予支持，提供珍贵文献，包括大量图片；根据家属提供的线索，我们还特意找到近年一直关注胡佩兰事迹报道的东方今报记者董彩红，迅速汇集了大量拥有出版价值的材料。在胡佩兰仁爱大医精神感动鼓舞下，我们夜以继日，终成书稿。

　　胡佩兰是生长求学于旧中国，工作于新中国的知识分子。在她的血液里，流淌着中国传统知识分子的基因——富于良知、自强敬业、朴实无华等等。她融医生的职业操守、做人的普救众生、仁爱慈悲、济世从善等于一身；她从小立志"不为良相，便为良医"，烽火中勤学苦读习医术；她自立自强，刚毅果敢，干活不惜力气，事事认真，精益求精；她情牵病患，视病人如亲人，把救死扶伤当作最大的责任，敢于担当；她注重创新，活到老，学到老，干到老，一生有所作为；她热心公益事业，坚持志愿服务，捐建希望书屋，关心下一代成长，倾力服务基层，无私奉献社会。她虽然无暇顾及家务，但以一种中国传统女性朴实无华的爱，和丈夫李公恕互敬互爱，相濡以沫，并以自己的言行凝练家族文化，家庭和睦，家风淳朴，子孙良教，后继有人。

胡佩兰的一生，平凡而伟大。她医术精湛，医德高尚，服务对象跨越四代，第一时间见证六万个生命诞生。她98岁高龄坚持出诊，直到生命最后一刻。她的事迹，蜚声中原，感动中国！胡佩兰是我们永远的楷模、永远的丰碑！胡佩兰现象是中国医学史的伟大传奇，胡佩兰身上所体现的伟大精神，应当在医学界以至整个社会发扬光大，也值得我们认真研究！

一张张珍贵的照片，深藏着逐渐逝去的记忆；一行行感人的文字，穿越了百年生命的历程。手捧这本书稿，胡佩兰夫妇生前的感人故事依然生动再现。我们深知，胡佩兰平凡而伟大的百年人生画卷，其全部意境和效果，绝非这些有限的文字和图片所能勾勒展现。假以时日，我们完全可以通过更加丰富的历史文献、更加生动鲜活的第一手现场采访资料和更加宏大的视野，去探寻胡佩兰心系病患的合理因素，反映她更加多彩的人生历程，展示其和睦欢乐的家庭生活……但是，由于时间紧迫，加上我们水平有限，这些都已成遗憾！

    本书撰写过程得到了胡佩兰亲属的积极支持，特别是胡大一的学生李建超先生鼎力相助，王莉娟女士雅致的设计、王四鹏先生对排版等方面的及时指导，等等，都使本书增色不少，在此一并致谢！

    书稿内容虽字斟句酌，难免错讹之处，敬请大方批评指正，以期来日选取更佳形式呈献读者，为发扬光大胡佩兰仁爱精神做出我们微薄的贡献！

骆玉安   2016 年 3 月 15 日郑州